ÜBER DIE AUTORIN

Angelika Notz ist Unternehmensberaterin und Expertin fürs Gründen in der zweiten Lebenshälfte. Die studierte Ökonomin startete ihre Karriere in einer Brauerei, lernte Marketing und Produktverständnis von der Pike auf. Später wechselte sie zu einem amerikanischen Konzern und trieb die Geschäftsentwicklung in Europa, dem Mittleren Osten und Nordafrika voran. Mit 55 Jahren wagte sie den Schritt in die Selbstständigkeit und gründete ihr eigenes Marketingunternehmen. Ihr persönliches Start-up – beruflich, aber auch privat.

Heute gibt sie ihr unternehmerisches Wissen an Frauen über 50 weiter. Frauen, die endlich durchstarten und eigene Entscheidungen treffen wollen.

Angelika Notz

START-UP

*So baust du dir in der zweiten Lebenshälfte
dein eigenes Business auf.*

Das Rendezvous des Lebens

Ratgeber und Autobiografie

Die Deutsche Nationalbibliothek verzeichnet diese Publikation in der Deutschen Nationalbibliografie; detaillierte bibliografische Daten sind im Internet über http://dnb.dnb.de abrufbar.

3. Auflage 2024

AUTORIN
Angelika Notz
Schorndorfer Str. 15
47906 Kempen
Germany

E-Mail: Angelika@Angelika-Notz.de

LEKTORAT, COVERDESIGN, INNENLAYOUT & BUCHSATZ:
im SELBSTverlag – Die Agentur für Selfpublisher:innen,
www.im-selbstverlag.de
in Kooperation mit misa bookdesign, www.misabookdesign.de

DRUCK UND DISTRIBUTION IM AUFTRAG DER AUTORIN:
tredition GmbH, Halenreie 40–44, 22359 Hamburg, Germany

INHALTSVERZEICHNIS

EIN PAAR WORTE VORWEG

Worum geht es in diesem Buch?

Die meisten Menschen verstehen unter einem START-UP ein frisch gegründetes Unternehmen, das aus einer innovativen Geschäftsidee gewachsen ist und ein hohes Wachstumspotential hat.

Für mich bedeutet START-UP aber vor allem ein Neuanfang.
START-UP im Berufsleben.
START-UP im privaten Leben.
START-UP in der Liebe.

Während die einen bereits mit Sehnsucht auf ihre Rente warten, bist du bereit, aus deinem aktuellen Angestelltenleben auszubrechen und dein eigenes START-UP zu wagen. In der Halbzeitbilanz hast du zurückgeblickt und noch Lücken gefunden. Ungelebte Abenteuer. Ansichten und Wertegefühl haben sich geändert. Was früher wichtig erschien, tritt heute in den Hintergrund. Neue persönliche Schwerpunkte werden fixiert, manchmal auch vorgegeben durch das Leben. Vielleicht ist eine unfreiwillige Neuorientierung erforderlich, sei es durch eine Arbeitslosigkeit oder eine geringe Wertschätzung beim aktuellen Arbeitgeber. In der Wende deines Lebens möchtest du dir mit deiner Erfahrung und Selbstdisziplin einen Traum erfüllen: dich selbstständig machen.

Doch obwohl der Wunsch nach deinem START-UP groß ist, sind es deine Bedenken in Bezug auf diesen Schritt auch. Du fragst dich vielleicht:

- ▶ Kann ich mich jetzt noch selbstständig machen, obwohl ich mein Leben lang angestellt war und keine Ahnung vom Unternehmertum habe?
- ▶ Wie schaffe ich es, dass das private Glück neben der zeitaufwendigen Unternehmensgründung nicht zu kurz kommt?
- ▶ Wie gehe ich als Selbstständige mit globalen Krisen um, die sich auch auf mein Unternehmen auswirken können?
- ▶ Wie vermeide ich ein Scheitern und was mache ich, wenn ich es nicht verhindern kann?

Das sind nachvollziehbare Gedanken und ich kenne sie alle. Ein Leben voller Ups und Downs, der Background verschiedener Studienabschlüsse und die erfolgreichen Gründungen eigener Unternehmen haben sich bei mir zu einem Gesamtpaket an Erfahrungen zusammengefügt. Ich möchte meine Erkenntnisse, die ich als Jungunternehmerin mit 55 gewonnen habe, an Frauen wie dich weitergeben. Denn ich weiß: Die BEST-AGER-Generation hat es drauf!

Für Ü50-Frauen sind die Marktchancen besser denn je. Du hast reichlich Erfahrung, eine Problemlösungskompetenz und das Denken in großen Zusammenhängen ist dein absoluter Pluspunkt. Mit deiner Lebenserfahrung kannst du kritische Situationen mit Ruhe und Souveränität meistern. Das sind klare Vorteile der Frauen über 50. Aber man muss die sich bietenden Chancen zu nutzen wissen! Die persönliche Einstellung spielt eine wichtige Rolle. Bist du offen für Neues? Bist du so »keen«, dich weiter zu qualifizieren? Wichtig ist nicht nur, deine vorhandene Erfahrung zu nutzen, in einigen Punkten ist sicherlich auch dein Umdenken notwendig.

Blinder Aktionismus ist hier jedoch fehl am Platze. Lies daher erst einmal mein Buch und finde die richtige Linie. Danach wirst du deinen neuen beruflichen Weg selbstbewusst und souverän planen können. Du wirst deine Träume und Ziele umsetzen, deine eigene Chefin sein und ohne Fremdbestimmung leben!

Folge deiner persönlichen Lebensagenda. Informiere dich und lerne, was notwendig ist, um deine Vision Wirklichkeit werden zu lassen. Keine Sorge, du bist nicht allein. Ich gebe dir eine Anleitung, einen Startpunkt. Bei mir erfährst du, wie du von der Idee zum Businessplan kommst: von der Marktanalyse über die Vermarktungsstrategie bis hin zu deiner Finanzierung. Ich biete dir Inspirationen, lese und bilde dir deine eigene Meinung dazu.

Ich schreibe hier Klartext! Kompakt und ehrlich, abgeleitet aus meinem eigenen Leben, wird dir mein Wissen dabei helfen, zu sehen und zu entscheiden, wie du es machen kannst. Denn ich weiß: Du kannst!

Viel Spaß dabei!
Deine Angelika

Fachwissen

Ich möchte dir in diesem Buch ein tiefes Verständnis für alle notwendigen Aufgaben geben, welche in der Gründung deines Unternehmens zu erledigen sind, auch in Kombination mit deinem Privatleben.

Ich gebe dir in unterschiedlichen Kapiteln Basic-Angaben, um zu verstehen, was hinter den einzelnen Aufgaben steckt. Immer aus meiner Sicht und Erfahrung. Wenn dich bestimmte Themen tiefer interessieren, kannst du diese in unterschiedlichen Medien erweiternd erfahren. Dabei wirst du feststellen, dass es häufig andersartige Darstellungen gibt. Du musst berücksichtigen, dass neben dem Wissenschaftlichen auch immer der tatsächliche Bedarf und der notwendige Einsatz widerspiegeln, was zu tun ist. Was ich im Fachlichen berichte, gibt wieder, was ich in meiner Geschäftswelt erlebt, aus dem Wissenschaftlichen gezogen und in der für mich wichtigen Umsetzung angepasst habe. Es sind Erfahrungen, welche du als Unternehmerin in den Anfängen deiner Firmengründung machst. Bei den gesetzlichen Regeln, welche ich dir vorstelle, schaue bitte immer noch einmal, ob sich Inhalte seitens Rechtsprechung verändert haben. Dies kommt häufiger vor und ist in einem regelmäßigen Turnus normal.

Der Inhalt dieses Buches erhebt keinen Anspruch auf Vollständigkeit und ersetzt keine rechtliche Beratung. Lass dich einfach überraschen und gehe – falls nötig – auch intuitiv vor.

Liebe Leserin,

mich interessiert es, wie dir mein Buch gefällt. Gern unterstütze ich dich auch in einem Gespräch und gebe dir weitere Tipps. Schreibe mir einfach einmal dazu: Angelika@Angelika-Notz.de

Gerne gebe ich in gewünschten »Postings« auf LinkedIn einzelne Beantwortungen:

Oder besuche meine Website:

www.angelika-notz.de

1. ERFOLGE UND KRISEN IM WECHSEL

Wie alles begann

Im studentischen Verbindungswesen – wie man es früher nannte – gab es den Schmiss, eine Narbe, die von einem Säbelhieb aus einem Zweikampf stammt, der so genannten Mensur.

Mir sind in den Jahren viele seelische Schmisse von Schicksalsschlägen geblieben, die sich wie Säbelhiebe anfühlten. Nein, bitte nicht denken, ich wäre ein Sensibelchen. Ich habe aus und mit diesen Schmissen verdammt viel gelernt.

Mit 24 Jahren lernte ich als unbedarfte junge Frau aus einer sehr konservativen Beamtenfamilie, streng katholisch erzogen, meinen damaligen Kollegen, den CFO einer Brauerei, kennen. Aus dem Kollegenverhältnis wurde schnell eine Liebesbeziehung und der Entschluss zur Heirat folgte. Die erste Herausforderung war, in der konservativen Familie einen elf Jahre älteren Mann als Schwiegersohn vorzustellen.

Es war mir gelungen. Es war nicht einfach, doch zu guter Letzt siegte meine Diplomatie. In den darauffolgenden 25 Jahren begann ein Leben mit vielen Höhen und auch Tiefen. Dazu gehörte, dass ich mich behaupten musste, um mich weiterbilden zu können. Bildung und Weiterentwicklung waren mir seit jeher sehr wichtig. Doch um mir diesen Wunsch erfüllen zu können, musste ich schon als junges Mädchen planvoll vorgehen. Meine Familie hatte bereits eine klare Vorstellung von meinem Leben: Hauptschulabschluss, max. Realabschluss, dann eine Berufsausbildung, möglichst im Beamtentum, und dann nix wie heiraten und Kinder bekommen. Das versprach in meinen Augen nicht unbedingt ein spannendes Leben. Im Sternkreiszeichen Wassermann lässt man sich nicht in eine derartige Fahrrinne gleiten.

Kreativität stand für mich im Vordergrund. Aber wie es so schön hieß: Grafik und Design? Nein, Hungerleider ziehen wir uns hier nicht groß. Doch in einem hatte ich mich durchgesetzt: Ich ging nicht ins Beamtentum. Somit begann ich mit 14 nach Kurzschuljahren, diese gab es Anfang der Sechziger, eine Lehre als Industriekauffrau. Aber der Ehrgeiz wuchs in mir und ich absolvierte neben meinen Ausbildungsjahren meine mittlere Reife in einer Abendschule. Auch nach meinem guten Lehrabschluss und den darauffolgenden Jahren im gleichen Unternehmen, ließ mich mein Wille nicht los, weiter in Abendschulform mein Abitur zu absolvieren. Auch diesen Bildungsschritt hatte ich geschafft. Ein Arbeitgeberwechsel brachte mir dann die gewünschte großartige Veränderung: Ich konnte mich als Marketingspezialistin in einer Brauerei platzieren.

In meinem Berufsleben erreichte ich im Brauwesen sehr viel. Doch auch hier blieb die Frage: Wie bilde ich mich weiter? Ich habe mein Berufsleben nie an den Nagel gehängt. Es war mir wichtig, immer die Hand am Puls zu halten. Somit begann ich erneut eine Weiterbildung neben meinem Beruf. Diesmal ein wenig anstrengender, da es sich um ein Studium handelte. Ich begann ein Studium an einer Fernuniversität, um zum damaligen Zeitpunkt den Titel Diplom-Ökonomin zu erreichen. Es gelang mir.

Ich war sehr stolz; ebenso mein Mann und natürlich auch meine Eltern. Alle waren erstaunt über meine vergangenen Erfolge, aber sie hatten einen geistigen Wandel erlebt und waren sehr stolz, dass ihre Tochter sowie Ehefrau dies alles erreicht hatte.

Bis zu ihrem Tod waren meine Mutter und mein Vater gedanklich immer moderner und offener geworden und hatten später verstanden, dass man niemanden zu etwas zwingen kann und mit viel Energie und Wille eigentlich alles erreichbar ist. Ich war ebenso stolz auf meine Eltern, dass sie, je älter sie wurden, immer flotter und zeitgemäßer dachten. Zukunft und Neuerungen spielten eine große Rolle. Ich erkannte über all die Jahre, dass ich halt doch ein Kind meiner Eltern war. Das Einzige, was ich nie erfüllen konnte, war, sie zu glücklichen Großeltern zu machen. Anfangs gab es keinen Willen bei mir, auch nicht bei meinem Mann. Wir hatten sehr viele Reisen »around the world« unternommen und fanden unser Leben schön so, wie es war.

Ich dachte natürlich in meinem Sinne auch etwas pragmatisch, da zu dieser Zeit der Gedanke an »Mütter in Arbeit« nicht in die Gesellschaft passte, ebenso beteiligten sich Männer damals wenig an Familien- und Hausarbeiten. Natürlich insbesondere ältere Männer, ich hatte ja schließlich einen elf Jahre älteren Mann geheiratet. Wie es auch sei, es passte so, wie es war.

In der Zwischenzeit kamen meine beiden Neffen zur Welt, in deren Augen ich immer die »Ersatz-Mama« war, wenn es zu Hause mal nicht passte. Sei es im Durchsetzen eines Wunsches oder auch mal beim Sammeln von Erfahrungen beim national und international erfahrenen Tantchen.

In diesen Jahren kam schon einmal der Gedanke hoch, wie es mit eigenen Kindern gewesen wäre. Doch aus ärztlicher Sicht, wie ich in der Zwischenzeit erfahren hatte, hätte es sowieso nicht funktioniert. Anfangs stand etwas Enttäuschung im Raum. Doch wusste ich, dass ich vielen jungen Menschen viel gegeben hatte, auch wenn es nicht meine eigenen Kinder waren. Meine beiden Neffen, die Kinder meines Bruders, hatten und haben z. B. durch die zweite Mama Geli viel an Lebenserfahrung und, wie sagt man so schön, an Weisheit mitbekommen. Auch die Kinder meiner Freundin kamen in den Genuss, mit Geli zu spielen, zu lernen und in den späteren Jahren auch zu philosophieren. Alles in allem war es für mich ein wunderschöner Ausgleich und die Bestätigung, dass ich vielen Menschen Unterstützung geben kann.

Wissen und Erfahrung weitergeben ist wichtig für die Zukunft aller.

Berufswechsel ins internationale Business

Ich wagte zwischenzeitlich ein START-UP in Form eines Wechsels zu einer größeren Brauerei, welche im internationalen Business zu Hause war. Eine erneute interessante Herausforderung, welche mir gefiel. Es ließ mich nicht los, auch jetzt wollte ich mein Gehirn auf die Probe stellen. Ein abermals berufsbegleitendes Studium sollte es sein. Internationales Marketing hatte ich im Visier. Keine leichte Aufgabe, zumal ich in meinem neuen Berufsleben viel auf Reisen und stark eingespannt war.

Doch es gelang mir auch diesmal. Zwar benötigte ich mehr Zeit, doch nach fünf Jahren hatte ich auch diesen Schritt gut gemeistert. Für mein aktuelles Berufsleben war dies ein richtiger und wichtiger Schritt hin zu einem außergewöhnlichen Leben voller Anerkennung im Privaten wie auch im Beruflichen. Es machte Spaß. In vielen Jahren meines Berufslebens hatte ich mich stabilisiert und viel Freude dabei empfunden, »Dinge zu bewegen«. Somit kam der Wunsch nach einem beruflichen Wechsel auf – natürlich in Absprache mit meinem Mann. Dies ist wichtig in einer Partnerschaft.

Ich wechselte zu einem international agierenden US-Konzern mit Headquarter in Atlanta und europäischer Zentrale in Birmingham. Ein Hersteller in der »Drink Dispense«-Industrie. Es handelte sich um Technik, welche benötigt wird, um Produkte aus der Getränkebranche herzustellen, wie z. B. Bier, Softdrinks und Säfte. Alle großen Getränkehersteller »around the world« waren Kunden bei diesem Unternehmen. Hier lernte ich erst recht, was es bedeutet, internationales Business zu betreiben.

Mit sehr vielen Höhen, aber auch Tiefen erfreute ich mich an der täglichen Arbeit. Es galt zu überzeugen, dass sich auch

Frauen im internationalen Business behaupten können. Heute ist dies sicherlich nicht mehr ein so großes Thema. Aber so ganz weg und fern ist diese Problematik immer noch nicht. All mein Wissen in Wirtschaft, Marketing, Business Development und auch Marktforschung konnte ich nun in den unterschiedlichsten Regionen dieser Geschäftswelt einbringen. Meine Verantwortung galt Europa, dem Mittleren Osten und Nordafrika. Es war eine sehr große Herausforderung.

Auch diesmal startete ich wieder in Absprache mit meinem Mann ein weiteres Studium neben meinem Beruf. Ein Abschluss in Kulturwissenschaften war das Ziel. Ein ebenso wichtiges Studium, zumal ich mich im Berufsleben sehr intensiv mit vielen weiteren Kulturen beschäftigte und es notwendig ist, diese zu verstehen, um die Märkte zu öffnen.

Viele weltweite persönliche Kontakte sind mir bis heute erhalten geblieben, weil ich verstanden und auch akzeptiert habe, dass überall auf dieser Welt anders, aber darum nicht falsch agiert wird. Im Übrigen sollte unsere weltweite Politik dies auch einmal akzeptieren. Dann hätten wir heute nicht so viele Desaster in Sachen Sanktionen und Kriege. Aber dies ist ein anderes Thema.

Aufregend in diesen Jahren war für mich sicherlich auch, in Ländern wie z. B. im Iran zu arbeiten. Als eine Chefin akzeptiert zu werden, war nicht einfach. Mein Zuspruch, landesüblichen Gepflogenheiten zu folgen, der Scharia entsprechend gekleidet in einem Land, in dem Frauen reichlich diskriminierend behandelt werden, war eine tiefe Erfahrung. Ich werde mir in diesem Buch nicht das Recht der Politisierung herausnehmen. Es geht hier lediglich um Erfahrungswerte, aber auch diese brachten mir sehr viel im Umgang mit Menschen.

Besonders hervorzuheben ist die geschäftliche Aktivität auf Messen. Viele Gespräche mit möglichen Geschäftspartnern, teilweise sehr unangenehme Dialoge, führten zu unschönen Situationen. In der damaligen Zeit galten Frauen in Führungspositionen in der arabischen Welt als nicht akzeptabel. Respektlos und abweisend reagierend wandte man sich stets an meine männlichen Kollegen, diese verwiesen in notwendigen Situationen aber wieder an den Boss, sprich meine Person.

Eine Situation führte sogar so weit, dass der Kunde nach Rücksprache in der Firmenzentrale Atlanta wutentbrannt das Messegelände verließ. Warum? Dort wurde ihm klar und deutlich vermittelt, dass der Boss eben ein weiblicher war.

Für diese Beharrlichkeit und Konsequenz muss ich meinem damaligen Arbeitgeber heute noch danken. Es hatte geholfen. Am letzten Tag dieser Messe wandte sich dann besagter Kunde, ein leicht wütender Scheich, mit abgleitendem Blick an mich, um ein gemeinsames mögliches Business zu besprechen. Es war mir zu guter Letzt gelungen, das Geschäft aufzubauen, und ich hatte mit der Zeit auch einen Freund gewonnen. Viele Jahre erhielt ich Anerkennungen in Form von Einladungen privater Art und natürlich auch Vorteile, ermöglicht durch den Reichtum dieses neuen Kunden.

So reihte sich Jahr über Jahr ein schönes Erlebnis an ein anderes. Auch in Deutschland, Russland, Italien, Österreich, Skandinavien, Asien allgemein und nicht zu vergessen Nordafrika.

Viele Erlebnisse gaben mir das Gefühl, den richtigen Weg eingeschlagen zu haben. Ich fühlte mich glücklich, in dieser Berufswelt angekommen zu sein.

Lehrreiche Zeiten

Im Privaten lief es dagegen nicht so glücklich. Mein Mann, immer noch CFO im Brauunternehmen, in dem wir uns kennengelernt hatten, musste erleben, dass Brauereien in dieser regionalen Größe zum damaligen Zeitpunkt keine Überlebenschance hatten. Das hat sich glücklicherweise im letzten Jahrzehnt wieder gewandelt. Doch er wurde damals nach der Abwicklung der Finanzen arbeitslos und sollte nie mehr beruflich Fuß fassen.

Hinzu kam, dass seine Frau, also ich, ein wenig mehr Erfolg hatte.

Es gab viele Diskussionen, wie wir in unserer Ehe einen Rollenwechsel einführen konnten, um das Leben wie bisher weiterführen zu können. Doch die Meinungen spalteten sich immer häufiger. Es war dann doch der Altersunterschied, der dafür verantwortlich war, dass er einen derartigen Wandel nicht akzeptieren konnte.

Mein Mann führte ein sehr ungesundes Leben, ließ sich treiben und wurde zum Alkoholiker. Daraus ergaben sich viele schlimme Erkrankungen. Wie so oft im Leben erfährt man Enttäuschungen vor allem da, wo man diese nicht gebrauchen kann. Tief geschworene Freundschaften, mit den Worten »Wir halten zusammen, in guten wie in schlechten Zeiten«, blieben mir größtenteils fern. Viele Freunde wandten sich ab und ich stand allein da mit einem Problem; nein, kein Problem, sondern vor einem neuen Lebensabschnitt. Es blieben aus dieser Zeit nur noch vier Freunde übrig. Alle anderen waren für mich später nicht mehr relevant. Die verbliebenen Besten stehen mir und meinem neuen lieben Lebensgefährten auch heute noch zur Seite. Einen lieben Dank an Andrea und Berti, Marion und Udo.

Der damalige Zustand meiner Ehe ließ mir für mein tolles Berufsleben keine Zeit mehr. Ich musste eine zweijährige Auszeit nehmen, um meinen Mann zu pflegen. Meine Eltern konnten aufgrund der eigenen persönlichen Gebrechen, körperlich wie geistig, keine Unterstützung mehr bieten. Die Schwiegereltern waren schon verstorben und mein Bruder ebenso.

Auch diese Station in meinem Leben habe ich gemeistert. Die Kraft und der Glaube daran, es zu schaffen, gaben mir Recht. Auch dies war eine Lebenserfahrung. Ich kann nicht sagen, ich würde sie nicht missen wollen. Es zeigte mir aber, dass der Wille, das Bestmögliche auch aus sehr schlimmen Zeiten zu machen, eine tiefe Lebenserfahrung gibt. So habe ich einen einst sehr geliebten Mann bis in den schleichenden Tod gepflegt.

Auch in Deutschland läuft nicht immer alles rund im Gesundheitswesen, im Pflegewesen, im Erhalten des einem zustehenden Rechts. Ich stelle einfach einmal die Frage in den Raum: Wer hat schon einmal versucht, für eine pflegebedürftige Person Hilfestellungen anzumelden? Es ist in diesem Land nicht einfach, das Recht zu erhalten, das einem zusteht. Ich bin weiß Gott keine Dumme, musste aber so meine negativen Erfahrungen machen.

Themen wie
- ▶ Pflegegrad,
- ▶ Pflegesachleistung,
- ▶ Pflegegeld,
- ▶ Kombination von Sachleistung und Pflegegeld,
- ▶ vollstationäre Leistungen und
- ▶ weitere Pflegeleistungen

bilden ein sehr komplexes Paket ab. Je nach Versicherungstyp, privat oder kassenärztlich, müssen die unterschiedlichsten Wege beschritten werden.

Erstkontakte mit Versicherungen, Ämter und Gerichte bezogen auf Fragen wie »Darfst du überhaupt für diese hilfebedürftige Person entscheiden?« und, und, und … Ich stand manchmal der Verzweiflung nahe. Viele Wege werden verkompliziert und ich frage mich: Was machen Menschen, welche geistig und physisch nicht in der Lage sind, all diese Unwägbarkeiten und Hürden zu meistern?

Es sei mir erlaubt, meine noch heute leicht vorhandene Wut in solchen Angelegenheiten zum Ausdruck zu bringen.

Wie schon geschrieben, es war eine sehr harte Zeit.

START-UP in eine neue Liebe

On top in Trauer und Abschied erfuhr ich dann sozusagen nebenbei, dass der Ursprungskonzern, mein damaliger Arbeitgeber, nicht mehr der gleiche war und ein noch größeres amerikanisches Unternehmen diesen übernommen hatte. Das hatte zur Folge, dass der Arbeitsplatz »futsch« war, sprich: nicht mehr vorhanden. Anfangs war ich entsetzt, aber so war es halt.

Ich machte mir neue Gedanken, wie es weitergehen konnte. Mit anwaltlicher Unterstützung gab es zumindest eine Abfindung. Aber was hieß das schon? Mit 55 Jahren ist die Arbeitslosigkeit ein schwieriges Thema. Zwischenzeitlich verstarben meine Eltern. Es war also alles in allem nicht leicht.

Nach der schweren Zeit freute ich mich auf angenehme Abwechslungen und dazu gehörten auch Partys und Feiern. Eigentlich eine komische Geschichte. Das nächste START-UP fing mit einem 40-jährigen Klassentreffen an. Es hatten sich fünf Kandidaten gefunden, die alle noch verbliebenen Ex-Klassenkameraden zusammenbringen wollten.

Aufgaben wurden verteilt, Einladungen versandt. Wie so üblich im Leben gibt es immer ungeliebte Kandidaten. Hier kam der Fingerzeig Gottes: »Du hast gelernt, mit allem zurechtzukommen. Dann kümmere dich um die Ungeliebten. Insbesondere um ein ›lupenreines‹ Arschloch.« Wer war gemeint? Einem unserer Klassenkameraden galt das besondere Augenmerk.

Zum Ersten war er schlecht ausfindig zu machen, da bedingt durch seinen Beruf im internationalen Business kaum ein beständiger Standort zu ermitteln war. Zum Zweiten haben viele unserer Klassenkameraden ihn immer für einen unsympathischen und rechthaberischen Kerl gehalten. Doch wo ein Wille, da ein Weg. Auch dies gelang mir. Ich hatte mit meinem üblichen Spürsinn seinen beruflichen Aufenthalt entdeckt.

Über das allseits bekannte WhatsApp eine Frage gestellt: »Bist du's?« Wenige Sekunden später erhielt ich zwei Bilder zurück, ohne Angaben, ohne Text.

Meine Antwort war klar: »Du bist in meiner Lieblingsstadt.«
Er: »Und wo?«

Typische Frage für einen Skorpion, denn dieser zweifelt vieles an und muss immer das letzte Wort haben. Auf jeden Fall hatte ich richtig geantwortet. Er stand am Ground Zero in New York. Schnell schrieben wir hin und her – und dies über Wochen, bis wir uns dann beim geplanten Klassentreffen sahen.

Es vergingen noch Wochen, bis es endlich zwischen uns funkte. Nach reiflicher Überlegung mit viel Gefühlen wussten wir: Das ist es. Wir gehören zusammen, mit allen »ups and downs« – und es gab viele. Auch die Hürden, welche in einer Verbindung zweier Menschen vorhanden sind, haben wir gemeinsam gemeistert.

Der Tag kam und wir zogen zusammen in eine kleine Wohnung. Warum klein? Es war pragmatisch gedacht, wenn es nicht passen sollte, dann war diese Wohnung für einen von beiden noch ein bestehender Wohnsitz. Wie bei Jung-Studenten erreichte unsere Wohnung erst nach Wochen den Zustand, den man als wohnlich bezeichnen kann und dies mit Mitte Fünfzig. Wir liebten uns und wir hatten unser altes Leben hinter uns gelassen – nach unserem Motto: Vergangenheit ist nicht perspektivisch.

Ich hatte nun einen tollen intelligenten Mann, der mit beiden Beinen im Berufsleben stand, als Geschäftsführer eines Mittelstandsunternehmen in der Chemiebranche. Auch für mich blieb es beruflich spannend! Bis heute führen wir eine spannende Beziehung in jeder Hinsicht, privat wie geschäftlich. Pläne für die nächsten 30 Jahre liegen bereits in der Schublade. Es ist und bleibt aufregend. Wir haben nichts bereut.

START-UP in einen neuen Berufsweg

Ich versuchte mich bei diversen anderen Arbeitgebern. Ich wollte mich nicht geschlagen geben. Immer ein wenig nahe an mein mir gewohntes Berufsbild verschlug es mich einmal in den hohen Norden, nach Hamburg. Ich fand dort eine Anstellung als Business Development Manager.

Hamburg liebe ich, diese Stadt gibt mir das Gefühl, zuhause zu sein. Es heißt nicht, dass ich andere Regionen in Deutschland oder überhaupt auf der Welt nicht mag. Eine weitere Stadt erfüllt mich im Übrigen auch immer mit Freude: die Stadt New York, vor allem Manhattan. Aber Hamburg hat Anziehungspunkte, welche unschlagbar für mich sind. Nordisch, Wasser und mein Lieblingsfußballverein, der FC St. Pauli.

Bei meinem neuen Arbeitgeber beschäftigte ich mich mit der Geschäftsfeldentwicklung für ein Mittelstandsunternehmen. Normalerweise ist eine derartige Aufgabenstellung in der Weiterentwicklung des Business – gerade in nicht ganz so großen Firmen – ein Mussfaktor. Jedoch wurde hier nicht erkannt, dass Geschäftsfeldentwicklung kein neumodischer Quatsch ist. Ein wenig norddeutsche Arroganz ließ durchblicken: Wir brauchen dich und »so etwas« nicht. Es fühlte sich so an, als wenn ich in Hamburg nicht erwünscht war.

Somit versuchte ich nun in meiner Kreativität, mein Fachwissen in Süddeutschland loszuwerden und in meiner mir bekannten Branche in Coburg Fuß zu fassen. Eigentlich ein Witz, wenn man am Niederrhein wohnt. Es hört sich etwas komisch an. Aber der Grund war schlicht, dass ein Unternehmen aus Coburg nach Expansionsmöglichkeiten Ausschau hielt, aber nicht so richtig vorankam.

Das Business bewegte sich im Bereich Drink Dispense, um genau zu sagen, handelte es sich um einen Produzenten von Trinkwasserspendern. Gesucht wurde ein männlicher Mitarbeiter mit Wissen im Bereich Business Development. Obwohl explizit ein männlicher Mitarbeiter gesucht wurde, hatte ich mich beworben und fand Gelegenheit, mich vorzustellen. Ich nahm eine Strecke von vielen Kilometern in Kauf und buchte mir ein Übernachtungszimmer. Auf der Hinreise war mir schon klar: Sollte es mit der Anstellung funktionieren, würde sicherlich ein Zweitwohnsitz fällig. Also wartete eine Wochenendbeziehung auf mich, zumindest lag mir dieser Gedanke im Nacken. Nicht sehr angenehm. Am Vorabend des Treffens erkundete ich die Stadt meiner potenziell neuen Wirkungsstätte. Ich war nicht ganz angetan. Warum? Als Rheinländerin war es für mich schon etwas schwierig in dieser Stadt. Grundsätzlich ist der Rheinländer eine Frohnatur und findet sich in anderen Gefilden schnell zurecht. Dies war erst einmal meine vorrangige Aufgabe: feststellen, ob ich mich wohlfühlen konnte in dieser süddeutschen Region.

Die Stadt Coburg ist eine kreisfreie Mittelstadt im bayerischen Regierungsbezirk Oberfranken, nahe der ehemaligen Grenze zur DDR. Vom 16. Jahrhundert bis 1918 war sie Residenzstadt der Herzöge von Sachsen-Coburg. Hört sich erst einmal spannend an, hat aber mit meiner Gefühlswelt nichts zu tun. Um es kurz zu sagen: Was ich bezüglich Menschen empfinde, ist nicht immer die Meinung aller, und es ist sicherlich richtig, dass es auch lustige Coburger gibt. Das durfte ich dann auch später feststellen.

Der Abend in einem guten Brauhaus besänftigte mich in meiner Laune. Am nächsten Morgen machte ich mich auf, um meinen möglichen neuen Arbeitgeber kennenzulernen. Ein Unternehmen mit 30 Mitarbeitern im kaufmännischen wie auch im gewerblichen Bereich. Es stellte eine besondere Version von Trinkwasserspendern her, welche zusätzlich einen besonderen

Hygieneschutz mit UV-Bestrahlung vorweisen konnte. Hierfür galt es, neue Märkte zu finden und zu öffnen.

Ich war etwas überrascht, als mich ein Dreigestirn empfing. In Köln hätte man gesagt »Prinz, Bauer und Jungfrau«, abgeleitet aus einem karnevalistischen Brauchtum. Es war dann tatsächlich so: Der Prinz war ein Schweizer Unternehmer und Investor mit ähnlichem Businessmodell in der Schweiz, der Bauer war ein Coburger Unternehmer und stellte sich etwas zu intensiv fachbezogen dar und die Jungfrau war die Gattin des Bauern. Bis heute ist mir nicht klar, was wohl eine Ehefrau, die gar keinen Bezug zum Business hatte, bei einem solchen Gespräch zu suchen hatte. Geldgeberin, eingetragene Inhaberin, möglich war alles.

Das Gespräch ging in eine Richtung: erst einmal abtasten, wieso sich eine Frau auf diese Stellenausschreibung gemeldet hatte. Schließlich suchte man »einen Verantwortlichen« für die Geschäftsführung, welche es gemeinsam mit dem Inhaber auszuführen galt. Zumindest brauchte die Ehefrau keine Angst zu haben, dass ich irgendein Interesse an der Männlichkeit ihres Gatten hatte. Zum Ersten hatte und habe ich einen fantastischen und liebenswerten Lebenspartner und zum Zweiten hatte ich Geschmack.

Wie dem auch sei, nach drei aufeinanderfolgenden Gesprächen hatte ich den Job. Ich startete mit meiner neuen Aufgabe. Dazu pendelte ich häufig zwischen dem Rheinland und Coburg, konnte aber auch einiges per Home-Office erledigen. Teilweise befand sich mein Arbeitsplatz im Schweizer Rüschlikon, eine wunderschöne Stadt, die am Zürichsee liegt. Hier wurde in unterschiedlichsten Gesprächsrunden darüber philosophiert, wie man meine Vermarktungsvorschläge im Businessplan aufnehmen konnte. Vorrangig galt auch hier, wie in jedem anderen Business: Es musste investiert werden, um daraus positive Aktionen für die Zukunft abbilden zu können.

Das fällt schwer, was sicherlich jeder bestätigen kann, der ein

Unternehmen führt – bei knapper wie auch voller Kasse – Geld bereitzustellen, obwohl ich erst einmal nicht erkennen kann, ob meine Marktplatzierungsidee fruchtet oder ich komplett falsch liege. Hier gilt es, Vertrauen in das eigene Wissen aufzubauen bzw. in das Wissen der jeweils verantwortlichen Person.

Ich hatte zumindest erreicht, dass man mir vertraute, auch als Frau. Es war nicht immer einfach, eine solche Position zu erreichen. Auch heutzutage gibt es immer noch sehr große Unterschiede zwischen Männlein und Weiblein, was bedauerlich und auch nicht zu verstehen ist. Frauen tragen schließlich erheblich zum wirtschaftlichen Wachstum bei. Dies ist ein sehr komplexes Thema und bedarf in einem anderen Buch einer intensiveren Beleuchtung.

Zwar traute man mir, jedoch gab es immer wieder einen Kampf bei der Budgetierung. Dadurch ließ sich eine sich schnell verändernde Geschäftsentwicklung nur schwer platzieren. Steter Tropfen höhlt den Stein. Mit der Zeit wurde erkennbar, dass die Ideen fruchteten. Mein Plan, meinen Erfahrungsschatz aus dem Wissen einer Arbeit in einem Großkonzern für ein kleineres Unternehmen einzubringen, wurde nun doch verstanden!

Vorwiegend konservative Belegschaften stellen sich grundsätzlich quer. Vorschläge für ein Invest in Sachen Erweiterung des Produktportfolios oder im Dienstleistungssektor werden größtenteils nicht bewilligt. Somit scheitern neue Missionen häufig.

Um bei meinem neuen Arbeitgeber einen weiteren guten Verlauf zu erzielen, stand nach Monaten die Frage im Raum, ob ich meine Arbeit nicht als alleinige Geschäftsführerin und Mitinhaberin dieses Business fortsetzen wollte. Dies wäre nicht nur mit einem Wohnortwechsel in den Süden Deutschlands verbunden gewesen, sondern auch mit einer persönlichen finanziellen Investition. War ich dazu bereit, fern der Heimat, ohne direkte mentale Unterstützung meines Lebenspartners Ingo und der Freunde?

Ich nahm mir die nötige Zeit, um über dieses für mich schwierige Thema zu befinden. Ein wichtiger und tiefer Lebensabschnitt würde sich dann abzeichnen. Mein Lebenspartner konnte seinen Job als Geschäftsführer eines Chemie-Unternehmens nicht aufgeben. Das wäre im Grunde genommen auch totaler Schwachsinn gewesen. Zumindest war dies meine Meinung. Eine jahrzehntelange aufgebaute Karriere meiner besseren Hälfte sollte durch einen Schritt mit unbekannten Folgen nicht aufs Spiel gesetzt werden. Da ich grundsätzlich nichts gegen Veränderungen habe und durch meine berufliche Vergangenheit schon viele Veränderungen erfahren, aber auch genossen hatte, wäre es für mich ein Klacks gewesen, diese Entscheidung zu treffen. Mal wieder ein START-UP in den nächsten Lebensabschnitt.

Es gab jedoch verschiedene Aspekte, welche mich letztendlich davon abhielten, dies zu tun. Ein ganz wichtiger Punkt war, dass eine neue Liebe wie ein neues Leben ist! Ich hatte mit meinem verstorbenen Ehemann viel Trauriges erlebt und erfuhr seit einigen Monaten einen neuen Frühling in meinem Leben. Ich wollte meinen lieben Partner Ingo nicht verlieren! Des Weiteren war mir das Invest in ein Produktionsunternehmen entschieden zu hoch. Selbst bei einer Teilfinanzierung, welche möglich gewesen wäre, hätte ich sicherlich viele schlaflose Nächte gehabt.

Lange Rede, kurzer Sinn: Ich entschied mich gegen eine Übernahme. Eine große Enttäuschung seitens des Firmeninhabers war selbstredend zu spüren und führte auch in der weiteren Zusammenarbeit zu einem schlechten Miteinander. Letztendlich trennten sich unsere Wege, da Teamwork nicht mehr möglich war. Ich kündigte und stand nun wieder vor der mir bekannten Situation: START-UP.

Eine Jung-Unternehmerin – mit 55 Jahren

In diesem Buch geht es immer wieder um START-UP. Warum? Sich neuen Entscheidungen ausgesetzt sehen, mit etwas neu anzufangen oder nicht, das kommt immer wieder vor. So bin ich mit 55 neu durchgestartet! Denn du bist nie zu alt, um dir neue Ziele zu setzen oder einen neuen Traum zu verwirklichen. Es ist manchmal nicht leicht, aktuelle Situationen anzunehmen, wenn damit z. B. auch etwas Wichtiges für dich zu Ende geht. So ist es mir häufig ergangen, jedoch habe ich immer wieder die Lebensfreude – das subjektive Empfinden der Freude an meinem Leben – gefunden.

Wie bereits beschrieben, hatte mir mein Leben in früheren Jahren einen Strich durch die Rechnung gemacht, meine fantastische berufliche Karriere fortzusetzen. Nachdem ich mich gegen die Übernahme des Produktionsunternehmens entschieden hatte, stellte ich fest: Ein Leben ohne Beruf erfüllte mich nicht. Grundsätzlich hätte ich aus finanziellen Gründen nicht mehr arbeiten müssen. Als Witwe mit einer sehr guten Witwen-Rente und Einnahmen aus diversen anderen Finanzquellen unterlag ich keinem Zwang, arbeiten zu müssen. Auch hier gab es wieder gesammelte Erfahrungswerte zwischen meiner Lebenssituation als Witwe und den nachfolgenden versuchten START-UPS in Form einer Anstellung in einem Unternehmen in Hamburg und nachfolgend in Coburg.

Siehe da: Es lauerte ein neues START-UP um die Ecke! Diesmal entschied ich mich, all mein Wissen für den Aufbau meines eigenen Unternehmens zu nutzen. Jetzt wollte ich es wissen! Wissen, ob alle meine Fähigkeiten zur Gründung einer eigenen Firma ausreichten. Es entstand eine Ur-Idee. Dieser Gedanke beschäftigte mich und bestätigte mich selbst im weiteren Tun und Handeln. Ich versuchte, über meine Kontakte ein Business aufzubauen und eine Marketing-Agentur zu gründen – spezialisiert auf bestimmte Branchen und Wirtschaftsebenen.

Schnell musste ich feststellen: Viele sogenannte gute Kontakte waren nichts wert. Es gab keine Unterstützung, noch nicht einmal einen Hinweis zur Idee dieser Unternehmung. Wie Freddy Mercury so schön sang: »Friends will be Friends«. Davon gab es aber leider nicht sehr viele. Auch aus diesem Lebensabschnitt habe ich gelernt: Vertraue nur dir selbst. Ich ließ mich nicht von meiner Idee abbringen. Es war und ist enttäuschend, wie Menschen sich immer versprechen, in guten wie in schlechten Zeiten da zu sein. Privat wie geschäftlich hatte ich schließlich reichlich Erfahrung gesammelt. Mein Lebensgefährte Ingo gab mir Halt und fand meine Idee einer Firmengründung großartig. Mut zu machen und eine Idee gemeinsam zu beleuchten ist ganz wichtig. Der Blick von außen, losgelöst von eigenen Gedanken, ist notwendig, um objektiv beurteilen zu können.

Für mich als berufstätige Frau war dieser Übergang sicherlich ein etwas einfacherer, als ihn viele Frauen erfahren, wenn sie als Mutter ihre Kinder versorgen und trotzdem den Wunsch hegen, sich selbstständig zu machen.

MEINE LEARNINGS FÜR DICH:

Es ist schön, wenn du von außen Unterstützung erhältst. Doch darauf solltest du nicht bauen. Stattdessen: Bleibe deiner Idee treu und vertraue nur dir selbst!

2. DAS GRUNDWISSEN FÜR START-UPS

Business Development (BDM) – was ist das?

Für dich als Existenzgründer ist das Thema Business Development sehr wichtig, weil sich dein Geschäft noch im Aufbau befindet und du auf Wachstum angewiesen bist. Daher bitte aufmerksam lesen.

Unter Business Development versteht man die strategische und operative Weiterentwicklung eines Unternehmens durch noch nicht erschlossene Geschäftsfelder oder neue Produkte. Business Development dient also dazu, neue Geschäftsfelder zu identifizieren und daraus passende Geschäftsmodelle zu entwickeln. Das ist ein anhaltender und kein kurzfristiger Prozess. Du setzt dich nicht hin und sagst: »Heute mache ich mal ein wenig Business Development.« Stattdessen beobachtest und analysierst du Entwicklungen aus deiner Tätigkeit heraus – und das langfristig.

Beim Business Development geht es also darum, neue Geschäftsfelder zu erschließen und dein Unternehmen an die sich veränderten Begebenheiten anzupassen, um langfristig wettbewerbsfähig zu bleiben. Das kann auch ein umfassender Strategiewechsel sein. Zum Beispiel wenn du dich entscheidest, das Konzept »Solopreneurship« konsequent umzusetzen – also mit keinen bis wenig Mitarbeitern auszukommen –, das Business von A bis Z zu digitalisieren und auf diesem Wege auch andere Geschäftsbereiche einzubinden. Die Aufgaben des Business Development sind je nach Branche unterschiedlich stark gewichtet.

Hier einige Aufgabenbereiche:

- ▶ Marktanalyse mit Betrachtung der Kundenbedürfnisse und des Wettbewerbs
- ▶ Entwicklung neuer Strategien und Produkte beziehungsweise Dienstleistungen
- ▶ Identifizierung von Trends, Innovationen und sich entwickelnden Märkten
- ▶ als Schnittstelle zwischen verschiedenen Unternehmensbereichen agieren, um die Entwicklung neuer Geschäftsfelder auf unterschiedlichen Perspektiven abwägen zu können

Jetzt denkst du vielleicht, dass das doch Aufgaben des Vertriebs seien. Es gibt starke Unterschiede zwischen diesen Bereichen. Der Vertrieb möchte vorwiegend Verträge abschließen und Umsatz generieren. Business Development identifiziert neue Geschäftsfelder und potenzielle Zielgruppen, um damit die Grundlagen zu schaffen, mit denen der Vertrieb arbeiten kann.

Weshalb ist Business Development so wichtig? Jeder denkt, seine Geschäftsidee sei gut. Der Umsatz stimmt, es läuft. Warum sollte man also etwas ändern? Der Gegner für Innovationen ist das Kerngeschäft. Business Development war früher vor allem ein Thema für schnelllebige Branchen oder jene mit einem hohen Innovationsgrad (z. B. Technik). Bedingt durch Digitalisierung und Globalisierung stehen mittlerweile fast alle Branchen unter Druck, ihre Geschäftsfelder regelmäßig zu checken und zu erweitern.

Die wenigsten neu gegründeten Unternehmen schreiben von Anfang an schwarze Zahlen. Deshalb muss immer wieder überprüft werden, ob sich die laut Businessplan erwartete Umsatzentwicklung auch abbildet.

MEINE LEARNINGS FÜR DICH:

Business Development zielt darauf ab, die Identifikation neuer Geschäftsfelder und die Entwicklung geeigneter Geschäftsmodelle zu ermöglichen, um wettbewerbsfähig zu werden bzw. zu bleiben. Die Beobachtung und Analyse dieser Entwicklungen ist von längerfristiger Natur und nicht kurzfristig ausgerichtet.

Etablierte Methoden im BDM

Alle Wege führen nach Rom, wie ein Sprichwort sagt. So führen verschiedene Möglichkeiten zum Ziel. Im Folgenden zeige ich dir, was du tun kannst, um dich richtig zu platzieren. Es gilt zu betrachten, wie sich eine Geschäftsfeldentwicklung, sprich Business Development, in der Arbeit darstellt und welche Herangehensweisen es gibt.

Es gibt verschiedene Methoden, welche sich im Business Development etabliert haben. Die nachfolgenden Informationen sind aus wirtschaftswissenschaftlichen Gründen sehr interessant, sollen aber nicht dazu führen, dass du gleich deinen Gedanken, ein Unternehmen zu gründen, verwirfst, weil sie dich erschlagen und sicherlich auch in den Anfängen einer Unternehmensgründung nicht ganz so relevant sind. Halte dir bitte trotzdem vor Augen: Wer sich vorab informiert, ist auch in weiteren Expansionsphasen im Thema und kann sich mit diesem Wissen gut positionieren.

SWOT-Analyse

Das wohl gängigste Instrument, um Daten zu ermitteln, ist SWOT. SWOT steht für Strengths, Weaknesses, Opportunities und Threats (Stärken, Schwächen, Chancen und Risiken).

Mit diesem Tool werden also die internen Stärken und Schwächen sowie die externen Chancen und Risiken untersucht – und zwar strukturiert und systematisch. Analytisch werden Kundenbeziehungen, Kompetenzen und Leistungen betrachtet. Ebenso sind das Unternehmensumfeld, der Markt sowie gesellschaftliche, politische und technologische Trends zu untersuchen. Diese Daten ergeben ein sogenanntes SWOT-Portfolio, aus dem sich verschiedene Strategien ableiten lassen.

Stärken ausbauen und Schwächen analysieren

Vollkommen falsch ist es, zu meinen, es gelten nur Schwächen zu beheben. Du solltest aus deiner Stärken-Schwächen-Analyse nicht den Schluss ziehen: Bei positiver Stärkenbilanz muss ich für mein Unternehmen nichts tun, da es ja stark ist. Folgendes solltest du berücksichtigen:

Vorhandene Stärken müssen deutlich herausgehoben und in jeglicher Situation dem Kunden vermittelt werden. Bei Wettbewerbssituationen solltet du immer den Stärkelevel in Szene setzen und dies bitte permanent. Du verfolgst mit dieser Vorgehensweise das Ziel, dich mit deinem Unternehmen auch im Stärkenbereich zu verbessern.

Eine vorhandene Schwäche in deinem Unternehmen kann nicht immer behoben werden. Du benötigst hierfür Geld und andere Ressourcen, um diese zu beseitigen. Daher überlege bitte immer genau, ob es sich lohnt, diese zu eliminieren. Auf jeden Fall solltest du stets mit einem Auge wachsam über die Schwächen deines Unternehmens schauen, damit sich der Wettbewerb nicht deine Kunden angelt.

So baut sich eine Stärken-Schwäche-Analyse auf:

- ▶ Stärken sind Chancen eines Unternehmens.
  (S-O-Strategie/Strengths and Opportunities)

  Beispiel hierzu ist das vorhandene Wissen in Sachen umweltfreundlicher Produktion (die Stärke meines Unternehmens), welche optimal zum Thema Umweltbewusstsein (meine Chance) passt.

- ▶ Schwächen müssen erkannt und abgeschafft werden, um Chancen zu nutzen.
  (W-O-Strategie/Weaknesses und Opportunities)

  Wenn mein Unternehmen nicht umweltfreundlich produzieren kann (z. B. notwendige Chemie in unserer Gesellschaft), muss ich die Möglichkeit nutzen, zu beschreiben, dass eine Notwendigkeit dieser Produkte vorhanden ist und eine mögliche wie machbare Veränderung täglich angestrebt wird.

- ▶ Stärken können genutzt werden, um Risiken zu vermindern.
  (S-T-Strategie/Strenghts und Threats)

  Die Stärke meines Unternehmens, schnell und termingerecht produzieren zu können, hervorheben, aber das Risiko vermeiden, durch übermäßige Auftragslage in Zeitdruck zu geraten und die Produktionsqualität zu verlieren.

- ▶ Schwächen sollten zur Vermeidung von Risiken reduziert werden.
  (W-T-Strategie/Weaknesses und Threats)

Meine Schwäche, nicht umweltgerecht zu produzieren, durch Entwicklung neuer Techniken sowie Aktualisierung von Produktion-Rezepturen (z.B. in der Chemie-Branche) zu verringern bzw. aufzuheben. Es wird vermieden, dass meine Kundenaufträge in Ländern landen, wo die Technik weiter vorangeschritten ist.

Portfolio-Analyse

Auch diese Methode ist weit verbreitet. Hier werden **strategische Geschäftseinheiten (SGE)**, Unternehmensbereiche, definiert und untersucht. Das Ziel ist hierbei, durch die Analyse des Investitionsbedarfs und -ertrags die richtige Mischung von SGEs zu finden. Dieses daraus erstellte Portfolio ist vergleichbar mit einem Aktiendepot – nur mit dem Unterschied, dass nicht Aktien, sondern das Unternehmensportfolio optimal zusammengestellt wird. Daraus erfolgt die Ableitung von Strategien für die Firma.

Grob beschrieben heißt das: Eine Analyse kann in verschiedenen Kategorien unterteilt werden. Hier wird festgestellt, wie Positionen in den Bereichen

- ▶ Marktanteil
- ▶ Marktwachstum
- ▶ Marktattraktivität
- ▶ und Wettbewerbsposition

zu bewerten sind. Wo besteht ein Bedarf, um entsprechende Investitionsentscheidungen zu treffen?

Nehmen wir das Beispiel Produktion. Eine starke Differenzierung zwischen den Produkten bietet eine genauere Anpassung der Investition. Du kannst auch nach dem Markt-Produkt-Lebenszyklus beurteilen. Dann unterscheidest du zwischen Marktwettbewerbsposition und der Produkt-Lebenszyklusphase.

Blue-Ocean-Strategie

Dies ist eine bildhaftere Strategie und unterscheidet zwischen umworbenen bestehenden Märkten, den sogenannten roten Ozeanen, und neuen Märkten, den sogenannten blauen Ozeanen. Um Märkte zu identifizieren und zu erschließen, kommen dann Tools wie das ERSK-Quadrat, die Wertkurve, sechs Suchpfade zur systematischen Ausdehnung des Marktes und das PMS-Quadrat zum Einsatz. Hört sich kompliziert an, ist es aber im Grunde genommen nicht.

▶ **ERSK** steht für

Eliminierung
Welche etablierten Faktoren eines Produktes oder einer Leistung können weggelassen werden?

Reduzierung
Welche Faktoren lassen sich reduzieren?

Steigerung
Welche Faktoren müssen über den Branchenstandard gehoben werden?

Kreierung
Welche Faktoren müssen neu entwickelt werden?

Die Beantwortung dieser Fragen ermöglicht sowohl Kostensenkung als auch die Nutzenanreicherung.

▶ Mit einer **Wertkurve** lässt sich ein direkter Vergleich der eigenen Firma mit den Wettbewerbern erstellen. Dazu wird auf einer vertikalen Achse der Wert eines Produkts beziehungsweise das Leistungsniveau dargestellt. Auf der horizontalen Achse werden die Kernelemente eines Produkts beziehungsweise die Leistungsmerkmale abgebildet. Die daraus resultierende Wertkurve lässt sich mit denen von Wettbewerbern vergleichen und Wachstumschancen werden erkennbar.

► Die **sechs Suchpfade** stellen sich als Fragen dar.
  1. Welche Alternativbranchen gibt es?
  2. Gibt es strategische Gruppen in einer Branche?
  3. Kommen neue Käufergruppen in Frage?
  4. Sind ergänzende Produkte/Dienstleistungen sinnvoll?
  5. Welche Kaufmotive spielen eine Rolle?
  6. Welche nachhaltigen Trends sind relevant?

► Ein **PMS-Quadrat** dient der Überprüfung eines vorhandenen oder geplanten Portfolios. Dafür werden mehrere Kategorien abgebildet und den beiden Portfolios zugeordnet.

Pioneers
Pioneers sind innovative Produkte, durch deren gute Wachstumschancen sich blaue Ozeane erschließen lassen.

Migrators
Migrators sind vorhandene Produkte, die verbessert wurden und die sich zwischen blauen und roten Ozeanen befinden.

Settlers
Settlers sind Nachahmungen anderer Produkte mit geringen Wachstumschancen, die also in den roten Ozeanen feststecken.

Die Größe der Kategorien wird durch das Marktvolumen beziehungsweise das Marktpotenzial ermittelt. Diese Erkenntnisse bilden die Grundlage, um blaue Ozeane zu identifizieren. Auch Hinweise für die erforderlichen Maßnahmen sind so erkennbar.

Nutze ich eine Gründerberatung?

Ist erst einmal die Idee entstanden, etwas Selbstständiges in Angriff zu nehmen, solltest du schon recht früh professionell an dieses Thema herangehen. Je nachdem, was du für eine Beratung benötigst bzw. erwartest, ist es vorranging entscheidend, in welchem Stadium du einen Rat suchst. Zunächst möchte ich meine Herangehensweise beschreiben, um dir dann anschließend verschiedene Möglichkeiten der Wissensaufnahme aufzuzeigen.

Ich habe vor meiner Gründung viele Informationen in Gründerzentren bekommen. Zahlreiche Städte verfügen über diese Anlaufstellen für Unternehmensgründer. Dort können angehende Unternehmer sowohl vom Wissenstransfer als auch von Büroanmietungen profitieren. Mein erstes Büro bezog ich in einem dieser Gründerzentren, was für die Anfangsphase in vielerlei Hinsicht hilfreich war.

Ich hatte und habe immer noch meinen Lebenspartner Ingo an meiner Seite. »Gegenseitige Befruchtung« haben wir unsere Gespräche in den Anfängen bezeichnet. Auch in Gesprächen mit weiteren mir vertrauten Personen habe ich Gedankenflüsse aufgesaugt und diese dann mit meinen Ideen verglichen. Meine persönlichen Erfahrungen aus einem langjährigen Berufsleben hatte ich ebenfalls hinzugezogen, was viele Vorteile mit sich brachte. Ich bin allerdings auch schon ein wenig älter. Unerfahrenere START-UP-Unternehmerinnen sollten sich nicht scheuen, externe Hilfe hinzuzuziehen.

In deiner Ideenphase ist es sicherlich sinnvoll, sich bereits am Anfang von externen Unterstützern und Mentoren beraten zu lassen. Natürlich stets abhängig von deinem bereits angereicherten Wissen. Du solltest dir unterschiedliche Quellen suchen, dann profitierst du von breiterem und vor allen Dingen vielschichtigerem Wissen. Du möchtest für dich etwas Individuelles starten und deinen eigenen Weg in die Selbstständigkeit finden. Dazu ist es recht interessant zu erfahren, wie es die anderen gemacht haben.

Welche Expertise würdest du zum Beispiel suchen?

▶ Machbarkeitsprüfung meiner Geschäftsidee
▶ Businessplan-Erstellung
▶ Findung der Rechtsform
▶ Wahl der Versicherungen
▶ Steuerfragen
▶ Personalauswahl
▶ Finanzierungsbeispiele
▶ Fördermöglichkeiten
▶ Gestaltung und Aufbau des Marketings

Auf jeden Fall ist es hilfreich, jemand Wissenden an deiner Seite zu haben; du kannst dann viel mutiger auftreten und ebenso mutigere Entscheidungen treffen. Viele zukünftige Selbstständige fragen sich in den Anfängen, ob sie überhaupt eine START-UP-Beratung benötigen. Gründe sind häufig, dass sie früher schon einmal in einer Art Selbstständigkeit tätig waren, entweder als Studienabsolvent oder auch im elterlichen Betrieb.

Wenn es um mögliche Fördergelder geht, lohnt es sich immer, eine Beratung in Erwägung zu ziehen. Es gibt diesbezüglich viele Möglichkeiten und um alle diese Varianten zu ermitteln, bedarf es Unterstützung. Viele Fördergelder werden in Form eines Darlehens ausgegeben, welches du später in Raten zurückzahlen musst. Es gibt auch Optionen, wo Zuschüsse gezahlt werden, welche später nicht zurückgezahlt werden müssen. Dies ist abhängig von der Art deines Business. Wenn du zum Beispiel ein neuartiges Produkt entwickelt oder im Dienstleistungsbereich eine besondere Software anzubieten hast, welche z. B. bei Konzernen von Interesse sind. Hier fließen dann Gelder, welche im Sinne des Interessenten deiner Geschäftsideen eingesetzt werden und in Nutznießung von beiden Unternehmen laufen. Sinnvoll ist es spätestens in so einem Fall, eine bestmögliche START-UP-Finanzierung zu identifizieren.

Ist eine fachliche Unterstützung also notwendig? Sie kann im schlimmsten Fall zwischen Scheitern und dem Aufbau deines Unternehmens entscheiden. Also ja! Auch wenn sie mit Kosten verbunden ist.

Hilfreich sind aber auch kostenlose Beratungen von der IHK, den Banken und auch von Universitäten. Mehrere Quellen bilden dein Fundament für weitere Entscheidungen. Je mehr Wissen du erhalten und speichern kannst, desto größer ist der zu erwartende Erfolg. Es ist das »All You Can Eat« der Ideen. Es ist dein Abenteuer im START-UP deines Unternehmens.

START-UPs sind Vorreiter, die sich auf neuen Wegen vorwagen. Du entscheidest dich für dein Lebensmodell, nämlich Freiheit und Selbstbestimmung. Wer gründen will, wird sicherlich kein Hauptdarsteller sein, zumindest nicht in den Anfängen.

Wichtige Schritte zur Unternehmensgründung

Diese Schritte werden dich in den nächsten Jahren begleiten:
- ▶ Planung
- ▶ Gründung
- ▶ Aufbau
- ▶ Wachstum

Jetzt geht es um wichtige Themen, welche du berücksichtigen solltest, bevor es richtig losgeht.

Was passiert mit deiner Krankenversicherung, wenn du ein Unternehmen gründen möchtest? Es gibt verschiedene Einflussfaktoren. Wenn du dich selbstständig machst, musst du berücksichtigen, ob du dies haupt- oder nebenberuflich tust. Ebenso ist zu beachten, wie du aktuell versichert bist.

Was bedeutet es, hauptberuflich tätig zu sein? Das bist du,

wenn du mehr als 20 Stunden in der Woche arbeitest, ebenso, wenn du dir einen Mitarbeiter erlaubst, wenn diese Unterstützung länger als drei Monate stattfindet und eine Bezahlung über die Grenze von 520 Euro, die Grenze für die Minijobbezahlung, erfüllt wird.

Was bedeutet es, nebenberuflich tätig zu sein? Das bist du, wenn du maximal 20 Stunden in der Woche für dein Unternehmen arbeitest. Das gilt ebenso, wenn du dir einen Mitarbeiter max. in der Minijobbezahlung von 520 Euro erlaubst. Oder über max. drei Monate, dann auch für eine höhere Bezahlung. Die Krankenversicherungspflicht als Unternehmer und zusätzlich für Angestellte wird nach dem Berechnungsmodell deiner Krankenkasse berechnet. Es geht um die Einstufung, ob deine selbstständige Tätigkeit als haupt- oder nebenberuflich eingestuft wird. Wenn sie seitens der Krankenkasse als Nebenberuf betrachtet wird, bleibst du lediglich über dein Angestelltenverhältnis krankenversichert.

Bitte berücksichtige, dass diese Angaben nach dem Status aus 2023 sind. Also bitte immer noch einmal nachschauen, was seitens Gesetzes verändert wird. Ich empfehle dir, dich jährlich zu erkundigen.

Die Umsetzung ist einfach zu handhaben, wenn du ein gutes Steuerberaterbüro als »Service-Abteilung« hast und dich um diese und andere wichtige Aufgaben nicht kümmern musst: z. B. die komplette Abwicklung von Personalabrechnungen wie Zeitnachweise und der gesamte Ablauf der monatlichen Buchführung wie Steuernachweise. Überlege dir sehr genau, ob diese Tätigkeiten von einer Kanzlei für dich geregelt werden können. Du hast hier zusätzliche Kosten, diese wiegen aber nichts im Verhältnis dazu, wenn du vieles selbst erledigst. In erster Linie möchtest du dein Business pushen und dann ist es wichtig, derartige Aufgaben auszulagern. Grundsätzlich ist es aber eine persönliche Entscheidung, abhängig von deinem kalkulierten Monatsbudget.

Wenn du jemanden einstellen möchtest, musst du deine eigene Betriebsnummer bei der Arbeitsagentur beantragen. Dies ist notwendig, um Meldungen und Beiträge an die Krankenkasse zu schicken. Die Arbeitserlaubnis deiner Angestellten ist ebenso notwendig. Dies wird zum Thema, wenn du jemanden aus dem Ausland einstellen möchtest. Wichtig ist zu wissen, ob diese Person nachweislich in Deutschland arbeiten darf. Halte dir auch hier bitte vor Augen, dass die Bürger aus der EU sowie Fachkräfte aus EWR-Staaten (europäischer Wirtschaftsraum) wie Norwegen, Island, Liechtenstein keine Aufenthaltserlaubnis benötigen. Nur Menschen aus Drittstaaten müssen ein Visum oder eine Aufenthaltsgenehmigung nachweisen können. Was sind Drittstaaten? Dies sind alle Staaten, welche nicht dem EU-Pakt angehören.

Du solltest dir sehr intensiv überlegen, für welche Art von Jobs du einstellen möchtest. Minijob oder Midijob, befristet oder unbefristet, Werkstudenten oder Praktikanten. Wann du in diesen Fällen zum Beispiel Sozialversicherungsbeiträge zahlen musst, kann dir dein Steuerberater, die Krankenkasse oder die deutsche Rentenversicherung mitteilen. Deine Angestellten musst du dann bei einer Krankenkasse deiner bzw. der Wahl deiner Angestellten anmelden. Alle notwendigen Unterlagen dazu müssen entsprechend eingereicht werden. Wenn du deine Personalführung selbst leistest, benötigst du ein zertifiziertes Lohnfertigungsprogramm oder, wie bereits beschrieben, überlasse dies deinem Steuerberater.

Ebenso müssen die Mitarbeitenden beim Finanzamt angemeldet werden. Dafür benötigst du Steuer-ID, das Geburtsdatum und natürlich auch den Hinweis, um welche Anstellungsart es sich handelt sowie die Lohnsteuerabzugsmerkmale (ELStAM) der Mitarbeitenden. Hieraus erkennst du dann die richtige Lohnsteuerberechnung und was du abführen musst. Anhand eines Gehaltsrechners ermittelst du die entsprechenden Beiträge. Diese gibst du in deine Lohnfertigungssoftware ein und übermittelst diesen Beitragsnachweis an die jeweilige Krankenkasse. Dies ist sicherlich kein Hexenwerk, aber es benötigt Zeit und diese wirst du am Anfang beim Aufbau deines Business nicht unbedingt haben. Es sei denn, du bist ein Nachtschwärmer. Dann ist dies deine Nachtarbeit.

Fristen musst du im Übrigen auch einhalten. Die Beiträge müssen den Krankenkassen bis zum fünften letzten Bankarbeitstag eines Monats gemeldet sein. Die Beitragszahlung muss bis zum dritten letzten Bankarbeitstag des Monats erfolgen. Zur besseren Übersicht empfehle ich dir, immer den Vortag zu wählen und einen Termin in deinem Kalender zu notieren, dann verpasst du nichts. Noch besser ist ein Lastschriftmandat, um Terminversäumnisse zu vermeiden.

Die Umlageversicherung – ebenso bekannt unter dem Begriff Entgeltfortzahlungsversicherung – ist ein wichtiger Punkt bei Erkrankung deiner Mitarbeiter. Dies ist ein gesetzlich geregeltes Ausgleichsverfahren, das Arbeitgebern bei entstehenden Kosten von Lohnfortzahlungen im Falle einer Erkrankung und im Mutterschutz hilft. Sozialversicherungsträger nutzen die Einnahmen aus den Sozialversicherungen, um u.a. diese Ausgleichszahlungen zu finanzieren. Je nach Krankenkasse gibt es Umlagesätze, welche du ebenso im Auge behalten solltest; diese ändern sich auch in regelmäßigen Abständen. Dies sind arbeitsintensive Schritte, die du vorher gut durchdacht haben solltest.

Der Entschluss: Die Gründung meines Unternehmens

Nach vielen Gedanken zur Gründung meines Unternehmens hatte ich mich entschieden: Ich startete mit meiner Marketingagentur.

Ich begann allein in dieser großen Welt von Marketingdienstleistern und wollte mir ein Budget zur Verfügung stellen, welches ich beim Scheitern verschmerzen konnte.

Es war die Idee entstanden, als Marketingdienstleister für Branchen im B2B-Bereich tätig zu sein. Im Fokus stand ein Business, für das auch Basis- und Produktwissen vorhanden sein musste.

Branchen, welche ich mir mit Bedacht ausgesucht hatte, waren jene, in denen bei Auftragsvergabe nicht jeder Cent mehrfach umgedreht wird: Chemie und das Brauwesen sowie Drink Dispense. Zu beiden Wirtschaftsbereichen hatte und habe ich noch heute sehr gutes Fachwissen, schließlich war ich in meiner Zeit als Angestellte für Firmen in diesen Branchen tätig gewesen.

Wer ein Ziel erreichen will, muss wissen, wo er steht. Eine durchdachte Strategie bildet den Grundstein für einen Geschäftserfolg. So hatte ich es gelernt. Umwege kosten Zeit und Geld, unabhängig davon, wie groß oder klein ich mit meinem Business anfange.

Ein Businessplan für drei Jahre musste her. Ich nahm mir die Zeit, um diesen Plan zu erstellen. Mit allem »Für und Wider« erstellte ich diesen Wegweiser. Er gab mir die Sicherheit, richtig zu starten. Natürlich überkam mich dann auch nachts die Unsicherheit: Ist das, was ich vorhabe, realistisch? Ich will nicht sagen, dass ich Angst hatte. Aber im Hintergrund stand natürlich immer das Budget, welches ich nicht verschleudern wollte, und mein Sternzeichen Wassermann verbot mir auch ein Versagen. Man sagt den Wassermännern nach, dass sie immer für Neues bereit seien und nur an die Zukunft denken. Na ja, zumindest hatte ich bis zu diesem Tag diesbezüglich nie versagt.

Der erste Plan stand also. Das SOLL war definiert, das HABEN musste erarbeitet werden. Der erste Schritt bestand nun in der Suche nach einem geeigneten Büro. Nicht zu teuer, praktische Nähe, gute Anschrift – auch das ist wichtig. Repräsentativ sollte es sein, auch darauf habe ich geachtet. Sowohl der Preis als auch die Bürogröße mussten stimmen. Eine gute Adresse verbarg sich hinter einem Technologie- und Dienstleistungszentrum. Viele technische Notwendigkeiten wurden gleich mit angeboten, Services unterschiedlichster Couleur, wie Anmietung von Besprechungsräumen mit neuester Technik, und ein Bistro im Haus komplettierten das Paket. Zugegeben, ganz günstig war es nicht, es versprach aber ein sorgenfreies Leben. Die volle Konzentration auf das Wesentliche, mein Business, war möglich.

Ich startete mit einem 60 qm großen Zweizimmerbüro. Ich hatte qualitativ gute Möbel und die notwendige Technik vom Besten. Ein guter, ausgetüftelter Telekommunikationsvertrag, super Rechner mit hohem Komfort, Speichervolumen, kompatibel mit allem, was notwendig ist. Software, welche keine Wünsche offengelassen hatte, sowie ein perfekter Farblaser-Drucker, um nur einen Teil zu nennen. Ein ergonomisch guter Schreibtisch, ein bequemer Bürosessel, damit auch langes Arbeiten noch Spaß machte. Der Anfang war gemacht.

Ich erinnere mich noch daran, als wäre es heute: Der erste Tag im eigenen kleinen Unternehmen. Stolz wie Oskar. Es war ein schönes Gefühl. Ein kleiner Kreis von Freunden und auch mein Lebenspartner erfreuten mich mit Blumen und weiteren Glückwünschen sowie Geschenken.

Dem Ganzen vorausgestellt mussten selbstverständlich auch Formalitäten berücksichtigt werden. Das Gewerbe musste bei der Stadt angemeldet werden, dies ging recht zügig. Bei der Gesellschaftsform, welche überdacht werden sollte, dauerte es etwas länger.

Welche Gesellschaftsform ist für ein START-UP zu empfehlen?

Es gibt unterschiedliche Möglichkeiten. Wichtig ist aber immer, dass du weißt, wie sich dein Unternehmen entwickeln soll und welche Sicherheit du haben möchtest. Last but not least ist es auch wichtig, zu überlegen, welche Form unsere Gesellschaft kennt bzw. welche Version eine Anerkennung erfährt. Natürlich ist die eigene Denke zu diesem Thema am wichtigsten, denn letztendlich muss ich als Gründerin damit leben.

Damit du unnötige Kosten und zeitintensive Umwege vermeidest, solltest du dir einen guten Plan für deine Gründung erstellen.
Hierfür musst du wissen, wo du stehst.
Welches Fachwissen kann dir bei deiner Gründung helfen? Bedenke auch mögliche Risiken und investiere nur, was du bei einem Scheitern als Verlust verkraften kannst.

Mögliche Rechtsformen für ein START-UP

Mit dem Wunsch, ein eigenes Unternehmen zu gründen, stellt sich schnell eine der wichtigen Fragen: Welche Gesellschaftsform kommt für dich in Frage? Ob du dich für ein Einzelunternehmen, eine UG (Sonderform der GmbH), eine GbR, GmbH oder AG entscheidest, hat kaum etwas mit der Anzahl der Personen in deinem Unternehmen zu tun, sondern vor allem mit finanziellen und rechtlichen Themen.

Ich hatte mich damals für ein Einzelunternehmen entschieden und mich im Handelsregister als e. K. (eingetragener Kaufmann) eintragen lassen. Warum? Mir war so eine schnellere Abwicklung sowie Anmeldung möglich und die Empfehlung durch meinen Steuerberater gab mir dann die Bestätigung, das Richtige zu tun. Natürlich kamen viele Hinweise von sogenannten Wissenden, dass dies eine haftungsgefährliche Version sei, weil man mit seinem gesamten Privatvermögen haftet. Da ich aber ein Dienstleistungsunternehmen eröffnen wollte und hieraus wenig Sorge in Sachen Haftung entstehen kann, war es für mich eine »RazziFazzi«-Entscheidung. Ich bin nicht unbedingt geduldig und wenn ich Entscheidungen treffe, dann sollten diese auch zügig umgesetzt werden. Eine Geschäftshaftpflichtversicherung hatte ich dann im Nachgang abgeschlossen, um für kaufmännische Missgeschicke gesichert zu sein.

Die Wahl der richtigen Rechtsform ist sehr wichtig, nicht nur geprägt durch deine aktuelle Situation, sondern auch mit dem Blick darauf, wie du dein Unternehmen für die Zukunft ausrichten möchtest. Möchtest du im kleineren Rahmen Service anbieten? Benötigst du für dein Business Personal? Falls ja, was muss mindestens an Positionen besetzt sein, um professionell arbeiten und allen unternehmerischen Verpflichtungen gerecht werden zu können?

Nachfolgend erfährst du, welche Rechtsformen es gibt und welche wofür passend ist. Diese Wahl gibt vor allem die Strukturen rund um Haftung, Steuern und Kapital vor.

Folgende Versionen sind möglich:

- ▶ Einzelunternehmen, wie etwa Freiberufler, Einzelkaufleute und Kleingewerbetreibende
- ▶ Personengesellschaften, z. B. die GbR, OHG und KG
- ▶ Kapitalgesellschaften, wie die GmbH, gGmbH, UG (haftungsbeschränkt), AG und Limited
- ▶ Sonstige Gesellschaften, wie Stiftungen oder Genossenschaften

Der Blick ins Portemonnaie sagt dir schon, was Sinn ergibt. Finanzierst du dich mit deinem eigenen Kapital, hast du Sponsoren oder ist es der Kredit einer Bank?

MEINE LEARNINGS FÜR DICH:

Ist dein Business Dienstleistung, ist das Thema Haftung nicht sehr relevant. Jedoch kann dich eine Geschäftshaftpflichtversicherung vor den Folgen von kaufmännischen Missgeschicken schützen.

Beschreibung aller Gesellschaftsformen

Diese knappe Übersicht über mögliche Gesellschaftsformen (Rechtsformen) in Deutschland dient dir zum allgemeinen Verständnis und schafft einen gesamten Überblick.

Fangen wir mit dem **Einzelunternehmen** an. Ein Einzelunternehmen wird von Nichtkaufleuten oder Kleingewerbetreibenden genutzt. Hierfür benötigst du keine Formvorschriften, du brauchst lediglich eine Gewerbeanmeldung.

Gründerzahl: eine Person, mit Alleinentscheidungsbefugnis des Inhabers.

Es gibt einen kleinen Unterschied, wenn es sich um eine Form der Arbeit als Freiberufler handelt. Hier bist du dein eigener Herr. Freiberufler sind eine besondere Kategorie der Selbstständigen. Welche Berufe zählen zu der Kategorie Freiberufler? Zu den freien Berufen zählen ausgeübte künstlerische, wissenschaftliche, unterrichtende, erzieherische und schriftstellerische Tätigkeiten. Häufig muss im Rahmen einer Einzelfallprüfung durch das Finanzamt entschieden werden, ob du tatsächlich als Freiberufler tätig sein darfst oder ob du ein Gewerbe anmelden musst. Auf jeden Fall ist der Nachweis deiner Qualifikation notwendig. Du musst dich beim Finanzamt anmelden und je nach Beruf bei einer berufsständischen Kammer registriert sein.

e. K. — eingetragener Kaufmann

Hier werden eine Gewerbeanmeldung und eine Eintragung ins Handelsregister benötigt. Der Aufwand ist relativ gering. Du haftest mit deinem Geschäfts- und Privatvermögen. Gründerzahl: eine Person, mit Alleinentscheidungsbefugnis des Inhabers.

GbR – Gesellschaft bürgerlichen Rechts

Für Nichtkaufleute und Kleingewerbetreibende verursacht die Gewerbeanmeldung nur geringen Aufwand. Hier empfehle ich dir einen schriftlichen Gesellschaftsvertrag, da du eine GbR nicht allein gründen kannst. Gründerzahl: mindestens zwei Personen, mit Alleinentscheidungsbefugnis durch alle Gesellschafter, sofern ihr nichts anderes schriftlich geregelt habt. Hier besteht eine gesamtschuldnerische Haftung mit Privatvermögen.

OHG – offene Handelsgesellschaft (Kaufmann)

Für die Gründung einer OHG braucht du eine Gewerbeanmeldung mit Eintragung ins Handelsregister. Gründerzahl: mindestens zwei Personen. Alle Gesellschafter haften mit ihrem Privatvermögen und gesamtschuldnerisch. Es gibt eine Einzelvertretungsmacht jedes Gesellschafters, sofern ihr dies nicht im Gesellschaftsvertrag anders definiert habt.

KG – Kommanditgesellschaft (Kaufmann)

Hier ist eine Gewerbeanmeldung mit Eintragung ins Handelsregister notwendig. Gründerzahl: mindestens zwei Personen. Die Haftung ist bei der KG nach Komplementären geteilt, dies sind die persönlich haftenden, unbeschränkten Gesellschafter. Die Kommanditisten haften nur mit der Höhe der Einlage .

GmbH – Gesellschaft mit beschränkter Haftung (Kaufmann)

Für die Gründung einer GmbH musst du eine Gewerbeanmeldung mit der Eintragung ins Handelsregister vornehmen. Stelle dich dazu auf die Abwicklung umfangreicher Formalitäten, hohe Gründungskosten, bedingt durch die unterschiedlichen Einlagen durch die Eigentümer, ein. Das Mindeststammkapital beträgt 25 Tsd. Euro. Bei der Gründung musst du 12,5 Tsd. Euro direkt als Sachwert und Barvermögen hinterlegen. Die Haftung erfolgt je nach Einlage in das Gesellschaftsvermögen, zudem besteht die persönliche Haftung des Geschäftsführers. Gründerzahl: eine Person.

UG – Unternehmensgesellschaft (haftungsbeschränkt) (Kaufmann)

Wie bereits im vorherigen Kapitel beschrieben, ist die UG keine eigenständige Rechtsform, sondern eine Sonderform der GmbH. Umgangssprachlich wird sie daher auch »Mini-GmbH« genannt. Als GmbH-Form ist auch die UG eine juristische Person (Kapitalgesellschaft) und hat damit eine eigenständige Rechtspersönlichkeit. Gründerzahl: eine Person. Alle anderen Bereiche beziehen sich auf den gleichen Aufwand wie bei der Gründung einer GmbH. Lediglich das Mindeststammkapital von 1 Euro ist notwendig, allerdings besteht eine Ansparpflicht.

AG – Aktiengesellschaft (Kaufmann)

Die Gründung einer AG zieht eine Gewerbeanmeldung und eine Eintragung ins Handelsregister, sehr hohe Gründungskosten und umfangreiche Formalitäten nach sich. Gründerzahl: eine Person. Ein Vorstand ist ebenfalls notwendig, ein Aufsichtsrat muss bestehen und Hauptversammlungen müssen in regelmäßigen Zeitintervallen abgehalten werden. Das Mindestgrundkapital beträgt 50 Tsd. Euro. Mindestens ein Viertel des Nennbetrages der Aktien musst du in bar oder in Sachwerten bei der Gründung einzahlen.

eG – eingetragene Genossenschaft (Kaufmann)

Eine eG gründest du mit der Gewerbeanmeldung und Eintragung in das Genossenschaftsregister. Hier sind weder ein festes Kapital noch eine Mindesteinlage vorgeschrieben. Gründerzahl: mindestens drei Personen.

Aufwand bei der Gründung

Wenn du in der Anfangsphase deines Wunsches, ein Unternehmen zu gründen, noch nicht konkret weißt, was du eigentlich tun möchtest, ist in diesem Fall eine vorab geleistete Marktforschung von hoher Bedeutung. Die Ermittlung von Daten und Absatzmärkten geben dir einen sehr guten Überblick, ob deine Unternehmensidee gute Aussichten hat, zu bestehen. Das Erkennen von Marktrends wie auch Chancen und Risiken werden dir dabei vor Augen geführt und helfen letztendlich bei der Entscheidung, was für ein Unternehmen du gründen oder welche Produkte du vermarkten möchtest. Der Gründungsaufwand unterscheidet sich entsprechend zeitlich wie auch monetär.

Da ich schon immer von der schnellen Truppe war, hatte ich mich damals für das Einzelunternehmen entschieden. Einzelunternehmen und GbR sind meist schnell und günstig mit einer Anmeldung beim Finanz- und Gewerbeamt erledigt. Für eine Kapitalgesellschaft benötigst du deutlich mehr Zeit, mehr finanzielle Mittel und einen Notar. Der Verwaltungsaufwand ist auch nicht unerheblich und bereitet dir als START-UP-Unternehmerin auch Nachtarbeit. Zumindest dann, wenn du zuerst allein agierst oder nur zwei bis drei Personen den Laden in Schwung halten. Denn tagsüber muss Geld verdient werden und das kannst du nicht mit Verwaltungsaufgaben.

Da Lernprozesse die Geschwindigkeit am Anfang immer bremsen, kostet dies auch schlaflose Nächte. Ich habe mir dabei oft die Frage gestellt: »Wie verrückt bist du eigentlich? Hast du doch nicht nötig, genieße einfach dein Leben!« Doch die Hummeln im Hintern gaben mir immer wieder den Schwung, noch intensiv am Leben teilzunehmen. Das soll nicht heißen, dass man als älterer Mensch grundsätzlich zum alten Eisen zählt. Es ist einfach auch der Ehrgeiz: Ich kann das!

Was ich in meinen privat anstrengenden Jahren versäumt hatte, wollte ich mit aller Macht nachholen. Mein »neuer Mann« gab mir hierzu den notwendigen Halt und fing mich in den schlimmsten Stunden auf. Egal wie, mit besonderer Fürsorge, mit guten Worten, mit einem schönen Abend bei einem tollen Dinner. Er gab mir die Zuversicht: Geli, du bist auf dem richtigen Weg.

Meine schlaflosen Nächte zeugten nicht nur von Furcht. Nein, in meinem Alter ist es vielleicht auch die senile Bettflucht. Sagen wir es mal so, man braucht weniger Schlaf oder der Körper und das Gehirn sagen: Fünf Stunden sind genug, raus aus dem Bett! Daher hatte ich vieles nachts erledigt. Es gab mir das Gefühl der Ruhe. Warum wach im Bett liegen, wenn ich die Zeit wirtschaftlicher nutzen kann?

Die monatliche Buchhaltung und der Umfang weiterer bürokratischer Aufgaben hängen u. a. von der gewählten Gesellschaftsform ab. Auch hier haben es Personengesellschaften und Einzelunternehmer meist am einfachsten.

Ob du dich komplett aus privaten Geldern finanzierst oder Investoren einbinden möchtest, hat ebenfalls Einfluss auf die Wahl deiner Gesellschaftsform. Fremdes Kapital von Investoren lässt sich beispielsweise leichter in eine Kapitalgesellschaft einbinden. Einen Kredit von der Bank bekommst du wahrscheinlich leichter bzw. zu besseren Konditionen, wenn du Einzelunternehmerin bist – das hat vor allem etwas mit der Haftung zu tun. Auch die anfallenden Steuern richten sich nach der Rechtsform. Der vielleicht wichtigste Punkt ist jedoch die Haftung, wenn es beispielsweise um Vermögensschäden oder um die Rückzahlung von Krediten geht. Bei Einzelunternehmen und Personengesellschaften haftest du mit deinem persönlichen Vermögen, bei Kapitalgesellschaften ist die Haftung erstmal auf das Gesellschaftsvermögen beschränkt.

In der Praxis wird die Haftungsbeschränkung für Kredite allerdings meist über eine persönliche Bürgschaft von der Bank ausgehebelt. Doch kannst du die persönliche Haftung mit einer GmbH zumindest begrenzen.

Erscheinungsbild deines Unternehmens

Mit allem Drum und Dran

Nach meiner Entscheidung für die Gesellschaftsform begann ich mit der Findung des Unternehmensnamens. Er sollte nicht nur sinnvoll, sondern auch ein Eye Catcher sein. Es gab viele Ideen und zu guter Letzt fand ich eine fantastische Lösung. Den Namen kann ich aus rechtlichen Gründen hier nicht nennen. Mein gut laufendes Geschäft habe ich 2022 unter diesem Namen verkauft.

Neben dem Unternehmensnamen ist auch die Farbgebung von entscheidender Bedeutung für deinen professionellen und erfolgreichen Auftritt. Was sagen Farben aus? Dynamik, klassisch, solvent – es gibt viele Aussagen, welche in reichlich Literatur beschrieben werden. Letztendlich kommt es darauf an, was dir gefällt , womit du dich identifizieren kannst und worauf du dich einlässt.

Bei mir waren es die Farben Orange und Cyan. Warum? Wie bereits geschrieben, es gibt viel zu lesen im Bereich Farbenlehre. Auch hier gibt es Gurus, die positiv wie auch negativ nach Bedarf zerlegen.

Meine Entscheidung erfüllte sich mit meinen Vorstellungen der Farbbedeutung. Auf den Körper und Geist wirkt die Farbe Orange fröhlich und frisch. Sie strahlt aber auch Wärme aus, beflügelt die Kreativität und sorgt für gute Laune. Die Lust am Leben wird betont. Zudem soll die Farbe das Gemeinschaftsgefühl stärken und für eine ruhige Umgebung sorgen. Im kulturellen Sinne hat Orange verschiedene Bedeutungen. Innerhalb des Buddhismus wird Orange mit der höchsten Stufe assoziiert, die ein Mensch erreichen kann. In den Niederlanden steht die Farbe für Freiheit. Grundsätzlich kann man sagen, dass Orange mit vielen positiven Eigenschaften verbunden wird, wie etwa mit Freude, Wärme und Energie. Meine persönliche Assoziation war ebenfalls nur positiv.

Die Kombination mit Cyan brachte auch noch den optischen Effekt. Die Kombination aus Orange und Blau ist kein Muss. Beide Farben bilden aber einen Komplementärkontrast. Schon einmal etwas vom Farbkreis gehört? Dies ist ein kreisförmiges Ordnungssystem der Farbenlehre. Es werden Farben beschrieben und geordnet, weshalb der Farbkreis für jeden kunstschaffenden Menschen eine Orientierung bietet. Werfen wir einen Blick auf diese Anordnung, erkennen wir, dass sich Orange und Blau darauf gegenüber liegen. Die beiden Farben bilden also einen starken Kontrast. Das gilt in den verschiedensten Bereichen und in meinem Fall in Sachen Unternehmensfarben. Einfach eine perfekte und mutige Kombination.

Neue Wege gehen

Den gewohnten Pfad zu verlassen kostet Überwindung, zahlt sich am Ende aber aus. An die Hand nehmen und einen neuen Weg gemeinsam gehen – partnerschaftlich.

In meinem früheren Berufsleben war ich Auftraggeberin, speziell in Marketingsegmenten. Aus dieser Zeit hatten sich viele gute Kontakte entwickelt. Zwei möchte hier besonders hervorheben, denn es sind mittlerweile gute Freunde geworden. Der Inhaber einer Webdesign-Agentur mit Sitz in Düsseldorf begleitet mich nun schon sehr viele Jahre als Fachmann und Freund. Seine Full-Service-Agentur bietet eine Vielzahl an Lösungen und Services, um individuelle Online- sowie Offline-Projekte effizient und wirtschaftlich umzusetzen. Und somit hat Gianfranco auch meine Autorenwebsite *www.angelika-notz.de* kreiert und wird mich hoffentlich noch viele Jahre begleiten.

Die Effizienz von Marketinginvestitionen durch die Kombination der klassischen und neuen Medien ist ein wichtiger Baustein beim Aufbau deines Business, um zählbare Mehrwerte zu schaffen.

Auf jeden Fall hatte und habe ich einen verlässlichen Partner in diesem Bereich. Es gibt wechselseitige »Befruchtungen« und eine Zusammenarbeit in solchen Beziehungen ist für beide Seiten sehr wertvoll. U. a. lebt so eine Teamarbeit auch vom gegenseitigen Vermitteln von Geschäften. Es hat sich bewährt, eine solche Partnerschaft unter dem Aspekt einer guten Freundschaft zu führen. Hierzu sage ich auch heute immer wieder: »Danke, Gianfranco!« Ich hoffe, wir werden uns noch viele Jahre bei guter Laune halten.

Zum Thema Netzwerk werde ich dir übrigens später noch weitere hilfreiche Tipps mit auf den Weg geben.

Wenn aus einer kleinen Idee etwas Großes wird
Eine gute Idee ist der Anfang und erster Impulsgeber für etwas Spannendes.

Im Corporate Design hatte ich am Anfang meiner Karriere als START-UP-Gründerin so meine Vorstellungen. Kleine Skizzen, Texte, Kürzel, Farbgebungsideen, all das wirkte immer wieder zwischen meinen täglichen Aufgaben, welche ich erfüllen musste, um Geld zu verdienen. Es sollte ja alles professionell werden, auch mein Corporate Design. Daher gab ich mir Zeit, zu entscheiden, in welche Richtung es gehen sollte.

Die visuelle Inszenierung meines Unternehmens sollte Professionalität ausstrahlen. Mein kreativer Nährboden sollte nun zu ebenso kreativen Ergebnissen führen. Ein wirkungsvolles Konzept musste her. Auch in diesem Bereich wurde ich durch eine langjährige Partnerschaft begleitet. Jahrzehnte vorher hatten wir uns kennengelernt, ich als Auftraggeberin und Monika als die sichere Hand im Design. Sie und ihr Team bilden eine absolute Profi-Mannschaft.

In meinem Fall hatte sie sich selbst übertroffen. Ich war begeistert. Was nicht heißen soll, dass sie nur in meinem Fall perfekt gearbeitet hat, nein, aber ich hatte den Eindruck, dass hier ein besonderes Gefühl eine Rolle gespielt hat. All meine Notizen und Ideen-Schnipsel hatte sie aufgegriffen und zu einem wundervollen Ergebnis gebracht. Nicht eine Korrektur war notwendig. Viele Entscheidungen in diesem Bereich werden vom Geschmack einzelner Personen geprägt, doch hier wurde mit Methode geantwortet. Eine hohe Effizienz und natürlich auch ein hoher Wiedererkennungswert waren das Ergebnis. Alles hat gepasst und findet auch noch heute eine absolut tolle Resonanz. Auch hier herzlichen Dank.

Leider ist Moni nach einer langen schweren Krankheit verstorben, doch man weiß nie, ob es nicht irgendwann ein Wiedersehen gibt.

Markenauftritt mit Individualität

Nicht nur hübsche »Bildchen« dürfen es sein.

Auch du als START-UP-Unternehmerin hast das Bedürfnis, dich von anderen Wettbewerbsunternehmen abzuheben. Deine Außendarstellung sollte authentisch sein zu dem, was du mit deinem Team anbieten möchtest. Was solltest du bei eurem Auftritt berücksichtigen? Was ist wichtig, um dieses Thema »Corporate Design« vernünftig anzugehen und abzuschließen?

Bei deiner Idee sind die nachfolgend aufgeführten Punkte unbedingt zu berücksichtigen – eventuell auch mit Unterstützung einer Agentur:

- ► Eigenständigkeit, nichts Abgegucktes
- ► Wiedererkennungswert
- ► Dauerhaftigkeit
- ► zeitlose Gestaltung

- ▶ Erstklassigkeit
- ▶ authentisch zur Person oder zum Unternehmen
- ▶ Professionalität darstellen
- ▶ Variabilität (Logo-Anpassung an den jeweiligen Produkt-/Marketingbereich)
- ▶ nachhaltiger Erfolg

Das Grundkonzept der Geschäftsidee

Gute »alte« und bewährte Freunde verhalfen mir zu einem tollen Logo und einem wundervollen Social-Media-Auftritt. Noch heute empfinde ich eine tiefe Dankbarkeit, die immer bleiben wird. In den späteren Jahren fand ich die Gelegenheit, mich mit unterschiedlichsten Kundenaufträgen zu bedanken. In meinen Kundenpaketen – die »Marketing-außer-Haus-Abteilung« – gab es immer Teilaufgaben, welche ich mit kompetenten Partnern gemeinsam erfüllte.

Das Geschäftskonzept zeichnete sich dadurch aus, dass wir Firmen ganzheitlich betreuten. Das bedeutete, die Kunden mussten sich nicht mit vielen sogenannten Fachfirmen auseinandersetzen. Schlichtweg gesagt: Alles aus einer Hand. Wirtschaftswissenschaftlich, marketingtechnisch, Sales-affin waren die Basics, welche gesamtheitlich eine fantastische Unterstützung für Unternehmen boten, alles im Komplettpaket. Welche Branche und welche Unternehmensgrößen in Frage kommen sollten, war ebenfalls ein spannendes Thema. Konzerne und Großunternehmen sollten hier keine Rolle spielen. Warum? Vorhandene Marketingabteilungen sind in diesen Betrieben häufig gut platziert, da es hier nicht am Budget fehlt. Zudem hieß das Gesamtkonzept »ganzheitliche Verantwortung«. Es ist immer schwierig, von verschiedenen Dienstleistern ein Gesamtkonzept »zusammenzubasteln«.

Meistens gelingt dies auch nicht. Unternehmen in Größenordnungen von 20 bis 150 Mitarbeitern sind hier viel interessanter zu bewerten. Marketingabteilungen gibt es nicht oder sie sind nur in Minimalbesetzung vorhanden. Hier liegen die Ansätze, denn es gibt niemanden, der alles kann.

Wichtig ist auch, herauszufiltern, welche Branche für dich relevant ist; mit welchen Themen du dich intensiv beschäftigen musst und auch kannst. Es gilt, zu verstehen, welche Produkte du an Mann und Frau bringen möchtest. Du solltest den kompletten Flow eines Produktes verstehen, von der Idee über die Produktion bis hin zur Vermarktung. Lerne, welche Branchen Bestand haben, in guten wie in schlechten Zeiten, bei politischen wie auch wirtschaftlichen Schwankungen. Zu guter Letzt ist auch die Entscheidung wichtig, ob du im B2B- oder im B2C-Bereich betreuen möchtest (Business to Business oder Business to Customer).

Meine Entscheidung ging dann in die erklärungsbedürftige

Produktbranche im B2B-Bereich. Es galt, Chemieunternehmen zu überzeugen. Kein einfaches Thema, aber hochinteressant. Chemie unterteilt sich in viele Fachbereiche: von AGRO, die Agrarchemie, über Faser und Textil wie auch Lacke und Farben. Eine spannende Bandbreite, welche mich zum intensiven Lernen aufforderte. Dabei konnte mir mein Mann, der Wissende aus dem Chemiebereich, bei vielen Themen inhaltlich zur Seite stehen.

Anfangs dachte ich: »Na ja, ich komme aus der Braubranche, hier nutzt man genauso Kessel zum Produzieren. Das wird wohl schon ähnlich zu verstehen sein.« Ich hatte mich diesbezüglich getäuscht. In Nachtarbeit hatte ich mich eingelesen, um in der notwendigen Vermarktungsunterstützung ein Profi zu sein. Es reicht eben nicht, sich nur in Sales und Marketing auszukennen. Nein, es gilt, das Komplettpaket zu beherrschen. Selbst bei der Findung von möglichen neuen Produkten und Zielgruppen gab mir meine Idee recht, es richtig gemacht zu haben.

Mein spezielles Auge in der Chemie galt der AGRO-Welt. Warum? Weil es einfach lebensnaher ist und mir am Anfang das Gefühl gab, dies besser zu verstehen. Ich wurde dann über die Jahre eines Besseren belehrt. Letztendlich ist die gesamte Chemie lebensnah, denn wer mit einem Pfiff sagt: »Alles, was Chemie ist, raus damit!«, der wird schnell feststellen, dass wir nackt dastehen und sich vieles andere plötzlich auch nicht mehr an seinem Platz befindet.

Auf jeden Fall war mein Herz beim Thema AGRO aufgegangen. In vielen Lektüren wie auch in Vorlesungen in der Uni und bei Organisationen, wie dem VCI, dem Verband der chemischen Industrie, hatte ich mir Wissen angeeignet.

Was steckt hinter dem Wort AGRO?

Die Agrochemie, ebenso Agrarchemie oder Agriculture-Chemie genannt, ist ein Forschungs- und Entwicklungszweig der chemischen Industrie und gleichzeitig ein großindustrieller Produktionsbereich. Sie befasst sich mit Nutztiergesundheit, Schädlingsabwehr, Nutzpflanzenschutz und -düngung. Die Schadpflanzenreduktion und die chemischen Vorgänge in land- und forstwirtschaftlich genutzten Böden (Bodenchemie) sind ebenso ein Thema und tragen zur Verbesserung der Bodenfruchtbarkeit bei.

Es herrscht die durchgängige Meinung vor, dass ohne agrochemische Produkte wie Dünger und Pflanzenschutzmittel die Produktion von Feldfrüchten und Getreide bei wachsender Weltbevölkerung, geringer werdenden Anbauflächen und erhöhter Nachfrage nach Biokraftstoffen die weltweite Nachfrage nicht befriedigen kann.

Gerade in aktueller Zeit, in der das Thema Nachhaltigkeit großgeschrieben wird und natürlich überhaupt vom Schutz der Natur wie Mensch gesprochen wird, findet Chemie keinen guten Rückhalt in der Meinungsmache. Dies ist aber ein anderes Thema, zu welchem ich in einem späteren Buch intensiver einsteigen werde.

MEINE LEARNINGS FÜR DICH:

Mache dir so früh wie möglich intensive Gedanken über deine Zielgruppe. Gehst du in den B2C-Bereich? Oder wird es der B2B-Bereich sein? Dann solltest du wissen, welche Unternehmensgröße du als Kunden haben möchtest. Informiere dich intensiv über die Zukunftsfähigkeit deiner anvisierten Branche. Schließlich soll dein Unternehmen von Bestand sein!

Wir regeln uns noch einmal tot! Oder?

Grundsätzlich erst einmal etwas Positives zum Thema Regeln: In Gesetzen und Verordnungen sind Regeln hinterlegt. Das deutsche Grundgesetz z.B. ist das wichtigste Gesetz im Land. Es heißt darin: Regeln, die für alle gelten, müssen demokratisch entstehen. Informieren, mitreden, nachfragen.

Regeln in Politik, ob nun im Bund, Land oder der Gemeinde, sind wichtig! Im Großen, z.B. die Regeln deines Landes, in dem du wohnst, kannst du nicht ohne Weiteres etwas ändern, hier hat immer die Politik das Entscheidungsvorrecht. Du wählst die Politik und wirst somit in deiner Meinung vertreten. Es gelingt der Politik nicht immer, deinen Wünschen gerecht zu werden. Bist du in deinem Heimatland geboren, hast dort dein Zuhause und du willst deinen Standort auch nicht wechseln, musst du in vielerlei Hinsicht Kompromisse eingehen. Man muss sich an die Regeln des Landes, in dem man lebt, halten. Politik ist Handeln in Gruppen. Es werden Regeln und Entscheidungen festgelegt.

Reduziert und vereinfacht gibt es ebenso viele Regeln, wenn es z.B. um Vorgaben in Unternehmen geht. Diese können unterschiedlichster Natur sein. Hausinterne Regeln, z.B. für die Abwicklung von Arbeitsvorgängen, können in deinen Augen gut oder auch schlecht sein. Wenn du damit einverstanden bist, ist keine weitere Erläuterung dazu notwendig. Solltest du damit jedoch nicht einverstanden sein, so kannst du erwirken, dass diese Regeln angepasst oder in deinen Augen verbessert werden. Sofern diese Vorgehensweise machbar ist, gibt es hier auch keine Probleme. Wenn keine Veränderung durchführbar ist, kannst du dich dazu entscheiden, dieses Unternehmen zu verlassen. Hier spiegelt sich wider, wie sich die Beteiligten – wie in einem Reglement – informieren, mitreden und entscheiden können.

So ist es auch in Unternehmen, das Prozedere bewegt sich nur auf einem anderen Level. Auch in deinem START-UP-Unternehmen sollte es Regeln geben, welche den Tagesablauf und auch die Herangehensweise in der Arbeit bestimmen.

Struktur und Konzept bedeuten Professionalität. Gerade in kleinen Unternehmen bedeutet dies Zeitgewinnung. Viele Projekte mit einem kleinen Team zu bewältigen, bedeutet, mit System an die Arbeit zu gehen. Es will wohlüberlegt sein, was im Einzelnen zu tun ist. Bitte berücksichtige: Überorganisation ist ebenso unwirtschaftlich. Viele Aufgaben musst du als Jungunternehmerin selbst erfüllen; insbesondere wenn du alleine oder in einem kleinen Team arbeitest, sei es Firmenführung, Finanzen, Personalführung, Geschäftsfeldentwicklung, Projektführung usw.

Dies klingt nach einem perfekten Durcheinander und du wirst schnell im Chaos untergehen. Versuche, dich und dein START-UP-Unternehmen geschickt zu organisieren und die eigene Zeit erfolgreich zu nutzen. Superlange To-do-Listen bringen dich nicht weiter. Im kleinen Rahmen eine Struktur erstellen, dies ist am Anfang deines Business wichtig.

Die Zeit bewusst wahrzunehmen ist die erste deiner Aufgaben. Wie viel sinnlose Zeit lässt du bei Ablenkungen jeglicher Art verstreichen? Schaue konzentriert auf das, was gerade notwendig und sinnvoll ist. Verschwende keine Zeit in Nebensächlichkeiten. Schaffe Ordnung, ob an deinem Arbeitsplatz, auf deinem PC oder Laptop. Dies ist der erste Schritt, natürlich adaptiert auf deine Mitarbeiter. Hierzu sind z. B. Vorgaben zur Dateistruktur wichtig. Stelle einen Server zur Verfügung, der für jeden zugänglich ist, der an deinen Projekten mitarbeitet. So schaffen du und dein Team auch in den Köpfen Ordnung. Es hilft, Aufgaben, die Spaß machen, mit Aufgaben, die weniger erfreulich sind, zu verbinden. Sortiere deine Buchhaltungsunterlagen z. B. am Abend zuhause bei guter Musik.

Es ist außerdem wichtig, Projektschritte zu verfolgen und zeitgerecht abzuwickeln. Hier kann ich einen Invest empfehlen, indem du eine gute Software einkaufst, welche Projekt- und Zeiterfassung und beim Teamworking für jeden einen Überblick bietet. Es gibt viele Programme – hier solltest du entscheiden, was für deine Unternehmensgröße ausreichend ist. Die Bandbreite im Pricing wie auch in den Details ist sehr groß. Auf jeden Fall behaltet ihr als Team alles im Auge. Es wird dir das Gefühl der Sicherheit und Ruhe geben.

Alibi-Tätigkeiten sind häufig Hinderungsgründe für progressive und positive Arbeit. Was sind Alibi-Tätigkeiten? Neben den wichtigen Punkten wirst du häufig abgelenkt bzw. lenkst dich selbst ab, indem du im Internet scrollst oder eingehende E-Mails immer wieder zwischendurch sichtest. Hier kannst du dich disziplinieren und für bestimmte Zeitfenster jegliche Ablenkung verhindern.

Unterschiedliche Möglichkeiten bieten auch in einem kleinen strukturierten START-UP-Unternehmen eine hervorragende Herangehensweise, professionell aufzutreten. Basics sind wichtig, darauf solltest auch du nicht verzichten. Struktur auch in der Denkweise deiner Mitarbeiter kannst du vorleben und pflegen.

MEINE LEARNINGS FÜR DICH:

Regeln schaffen. Strukturen sorgen für Professionalität und vor allem für kleine Unternehmen bedeutet dies Zeitgewinnung. Eine Überorganisation kann die Abläufe jedoch unnötig verkomplizieren. Konzentriere dich auf das Wesentliche und eliminiere unnötige Zeitfresser.

3. DIE ERSTE ZEIT DER SELBSTSTÄNDIGKEIT

Mein Business funktionierte

Das erste Jahr hatte ich recht gut überstanden, wie man so schön sagt. Was heißt das konkret? Es war schon anstrengend, aus dem Nichts ein Business aufzubauen. In manchen Situationen wirkte es schon recht komisch, als »Jungunternehmerin« mit 55 Jahren an diversen Veranstaltungen teilzunehmen, um mehr zu erfahren, wie man angeblich professionell ein Unternehmen gründet. Warum sage ich »angeblich«? Viele Möglichkeiten der Beratung, ob über private Profis oder auch staatlich unterstützte Schulungen, sagen dir, wie es geht bzw. wie es gehen sollte. Angeblich.

Ich habe festgestellt, dass die Beratenden häufig weniger Erfahrung im wirtschaftlichen Leben in der großen weiten Welt haben als derjenige, welcher sich selbstständig machen möchte. Das soll nicht abwertend sein. Für mich war es eine andere Liga. Meine Liga hatte diese Erfahrungsstufe schon durchlaufen.

Jeder Mensch empfindet das Professionelle anders. Die verschiedenen Stufen der Wichtigkeit beim Aufbau entsprechen immer der persönlichen Wohlfühlsituation. Ich halte es so wie es eine alte Bauernregel beschreibt: Je frostiger der Januar, desto freundlicher das Jahr. Es beginnt immer anstrengend. Je gründlicher ich aber vorbereitet bin, umso besser und leichter läuft es von der Hand. Für Ungeduldige ist dies eine harte Zeit, aber es lohnt sich. Da ich nun einmal, wie schon beschrieben, zu den Ungeduldigen zähle, weiß ich, wovon ich spreche.

Mache ich es allein oder gönne ich mir Mitarbeitende?

Ich stand vor der Wahl: Beschäftige ich mich als Einzelunternehmerin alleine mit den von mir gewünschten Projekten oder denke ich etwas größer und erlaube mir Mitarbeiter?

Ich entschied mich für die zweite Variante. Think big, das war mir geläufig und sollte mir auch das Berufsleben etwas bequemer gestalten. Like a Bohemian. Zudem musste ich mir im Klaren darüber sein, dass ich nur eine Rolle spielen konnte. Entweder leitete ich als Unternehmerin das Business in der geschäftsführenden Funktion, mit allem Drum und Dran. Das würde aber bedeuten, dass ich mein Fachwissen nicht zum Einsatz bringen konnte und dies meinen Mitarbeitern überlassen musste, was mir nicht immer leichtfiel.

Oder ich stellte Mitarbeiter ein, welche den kaufmännischen Part übernehmen würden. Ich hatte beides ausprobiert. Das

Resultat war: Keines von beidem funktionierte zu 100 Prozent in meinem Sinne. Es galt also, Kompromisse einzugehen. Indem ich das Unternehmerische selbst erledigte, musste es nicht zu viel Einsicht in Sachen Geschäftsaufbau und Finanzen geben.

Was meine ich damit? Aufgaben, die an meiner statt erledigt werden, bieten Einblick in Geschäftsabläufe, welche nicht unbedingt jeder Unternehmer für Mitarbeitende sichtbar machen möchte. Es gibt Aufgaben, bei denen es sich aber leider nicht anders regeln lässt. Nehmen wir das Aufgabenpaket Finanzen. Alle hieraus zu erledigenden Aufgaben geben preis, was an Finanzmitteln zur Verfügung steht.

Auch in einem kleinen Unternehmen gibt es interessante Themen, welche Mitarbeiter sich gern abschauen und versuchen, sich mit diesem Ideenklau selbst zu verwirklichen. Dabei muss man sich die Frage stellen: Habe ich das richtige Personal eingestellt? Das Thema Personalsuche erläutere ich im Kapitel »Wie mache ich mein Unternehmen umfangreich bekannt?«.

Eigentlich musst du deine Augen überall haben. Das soll nicht heißen, dass du grundsätzlich kein Vertrauen in deine Mitarbeiter haben darfst. Doch die präzise Genauigkeit, mit der du dein Geschäft führen möchtest, übernimmt sonst niemand.

Ich fand also eine Zwischenlösung. In der Anfangsphase hatte ich mehr Arbeit mit dem Führen des Unternehmens und der Suche nach einer Person, welche die delikaten Aufgaben teilweise miterfüllen konnte. Meine Lösung lautete: mein Steuerberater! Grundsätzlich sind Steuerberater immer Menschen des Vertrauens. Hier offenbare ich Details, welche für die Außenwelt nicht sichtbar sein sollen.

An dieser Stelle danke ich den Mitwirkenden, insbesondere Achim und seinem Team, meiner Steuerberatungskanzlei. Das Buchhalterische und die Personalabwicklung habe ich an Achim und meine betreuende Beraterin übertragen. Wir trugen unsere Gedanken zusammen und daraus entstand ein perfekter Abwicklungsmodus.

Ab diesem Zeitpunkt blieb mir die Möglichkeit, meiner Geschäftsidee intensiv nachzukommen. Zwar immer noch nicht zu 100 Prozent, dies war auch zukünftig nicht der Fall, aber die Basics legte ich fest. Warum konnte ich meinen Aufgaben nicht zu 100 Prozent nachkommen?

Mein eigener Maßstab lag einfach zu hoch und der Tag hat nur 24 Stunden, wovon wenigstens 6–8 Stunden dem Schlaf gewidmet sein sollen. Sicherlich ist dieses Gefühl vielen Menschen bekannt, wenn man Aufgaben nicht nach dem eigenen Maßstab erledigt sieht und unzufrieden wird. Mitarbeiter haben andere Arbeitsstile und verfolgen ebenso in Sachen Arbeitsqualität andere Ansprüche.

Mit der Zeit lernst du, dass hier die Messlatte nicht zu hoch liegen darf, sonst gelingt dir das Tagespensum als Gründerin nicht. Gerade in der Anfangsphase eines START-UPs muss man Prioritäten setzen. Grundsätzlich heißt dies nicht, das verschiedene Aufgaben nicht erfüllt werden müssen oder gar die Arbeiten dazu nicht erledigt werden. Nein, die Wichtigkeit der Tätigkeiten muss nach einem Arbeitsplan klar definiert und danach abgearbeitet werden.

Sicherlich ist der Qualitätsmaßstab auch neu zu definieren, wobei nach meiner Erfahrung eine 75-prozentige Erfüllung in manchen Bereichen ausreicht. Der Wille zur Perfektion bremst manchmal aus und bietet dann für die ganz wichtigen Themen keinen Platz mehr. Wer dies – wie der Rheinländer so schön sagt – »nicht auf die Kette bekommt«, wird es schwer haben, Geduld zu bewahren und ein gutes Business zu starten.

Ich habe aufgrund meiner Erziehung immer unter Perfektionismus gelebt, man kann ihn nur sehr schlecht ablegen. Ich habe Zeit gebraucht, um dies zu lernen und es gelang mir nach gut einem halben Jahr. Es war auch gut so, ich hatte in der Zwischenzeit schon häufig die Lust an der Selbstständigkeit verloren und ein langer Arbeitstag bedeutete damals mehr als 12 Stunden Arbeit.

Kreative Personalsuche

Die erste Überlegung bei der Personalsuche lautet: Was erlaubt mir mein Budget? Wie viel Personal kann ich mir über welchen Zeitraum leisten? Ein überschneidendes Thema ist, welche Projekte in Aussicht stehen oder in welchem Zeitraum generiert werden müssen, um sich Personal erlauben zu können.

Dies festzustellen ist der erste Schritt. Wenn diese Punkte klar kalkuliert sind, legst du fest, was für Mitarbeiter du benötigst, um deine festgesteckten Ziele zu erreichen.

Welche Kanäle kannst du nutzen, um das von dir gewünschte Team zusammenzustellen?

Es gibt viele Möglichkeiten. Auch in diesem Fall musst du dich fragen: Welches Geld steht dir zur Verfügung, um Angestellte zu suchen? Du selektierst und machst dich über Medien schlau, wo Empfehlungen in Sachen Erfolgsrate beim Suchen gegeben werden.

Ob es nun die Monsters, Stepstones oder Indeeds sind, oder vielleicht sogar »oldfashioned« Stellenanzeigen in Zeitungen oder Fachmagazinen. Dies hat ebenfalls etwas mit Wohlfühlen zu tun und bleibt jedem selbst überlassen. Wichtig ist, zu erkennen, wo deine Ansprache am besten platziert ist.

Ich hatte mich für die Jobbörse Indeed entschieden. Es ist ein neues, modernes Medium, das auch in Sachen Beratung und Aufklärung recht pragmatisch ist und meinen Vorstellungen entspricht. Im nächsten Schritt galt es, eine Stellenanzeige aufzubereiten und zu gestalten.

Erste Frage: Was suchst du tatsächlich? Dies ist sehr wichtig. Bitte übertreibe nicht und verfasse keine Ausschreibung für einen Großkonzern, aber wirke auch nicht zu »mickrig« und uninteressant. Viele START-UPs begehen den Fehler, sich über- oder unterzubewerten. Wie kannst du das vermeiden? Ausgangspunkte dazu können u. a. die persönliche Selbstüberschätzung sein oder auch das Unterwürfige. Wichtig ist das respektvolle Begegnen der neuen Situation in einem START-UP.

Beides kannst du in den Griff bekommen, indem du dich Menschen anvertraust, welche gut einschätzen können, wie das Business mit der persönlichen Denke und dem vorhandenen Know-how mit dem Erscheinungsbild in der Textgestaltung übereinstimmt. Bei Unsicherheit kann ich diese Vorgehensweise wärmstens empfehlen.

Folgendes gehört auf jeden Fall in eine Anzeigenschaltung:

- ► Unternehmensprofil: Wer sind wir?
- ► Stellenbeschreibung: Wen suchen wir?
- ► Anforderungsprofil: Was erwarten wir von einem Bewerber?

- ▶ Leistung meines Unternehmens: Was biete ich dem Bewerber?
- ▶ Bewerbungsverfahren: Wie kann sich ein Kandidat bewerben?

Nach nächtelangem und kreativem Gestalten – ich hatte ja bereits beschrieben, dass bei mir Nachtarbeit keine Seltenheit war – fand ich dann meine finale Lösung. Auch hier holte ich mir mit dem Blick eines nicht direkt Involvierten eine Meinung von außen. Ich lag gut mit meiner Wortwahl und Darstellung. Somit hatte ich den Schritt gewagt und die Stellenausschreibung geschaltet.

MEINE LEARNINGS FÜR DICH:

Der erste Schritt zum eigenen Personal führt über das Budget. Welche Art und wie viele Angestellte kannst du dir wie lange leisten? Verfasse eine Stellenanzeige, die nicht nur aussagekräftig in Bezug auf das gesuchte Personal ist, sondern die auch dein Unternehmen authentisch widerspiegelt. Dabei stellst du zuerst dein Unternehmen und die zu besetzende Stelle vor, dann deine Wünsche an den Bewerber, was du ihm bietest und wie er sich bewerben kann.

Die Anzeigenschaltung und was dabei herauskommt

Ich hatte also meine Stellenanzeige fertiggestellt und über Indeed geschaltet: Als Erstes suchte ich eine Marketingassistenz zu meiner Unterstützung in der täglichen Arbeit. Eigentlich sollte es eine Managerin sein, doch aus Budget-Gründen entschied ich mich erst einmal für eine Assistenz. Es war für mich ein Herantasten, wer sich überhaupt auf solch eine Anzeige von einem kleinen Unternehmen melden würde.

Ich muss sagen, ich war in jeglicher Hinsicht überrascht. Ich erhielt viele Bewerbungen, welche mich sprachlos machten. Was man so als Jungunternehmerin erlebt, ist schon ein Traum oder besser gesagt ein Trauma. Angefangen von arbeitslosen Vollprofis oder welchen, die sich dafür hielten, Berufswechsler, welche meinten, dass Marketing jeder könne, oder auch einfach »Frischlinge« von der Uni, die gleich als Chef einsteigen wollten.

So hatte ich mir das nicht vorgestellt. Es war enttäuschend. Als kleines Unternehmen darf man nicht zu viel erwarten, man will schließlich erst noch groß werden und dafür benötigt man etwas Geduld, um dann nach einer längeren Zeit einen richtigen Kandidaten zu gewinnen.

Ich hatte mich zunächst auf Frauen eingeschossen. Nicht, dass ich etwas gegen Männer hätte, aber meistens wollen die Herren gleich als Chef anfangen. In der Anfangsphase meines Geschäftsaufbaus brauchte ich jedoch Kraft für diese Aufgabe und wollte keine Zeit verschwenden, zu erklären, wer der »Chef« ist.

Nach ca. einem Monat stand die richtige Kandidatin vor mir. Sie war Mutter eines zweijährigen Jungen, mit dem Wunsch, wieder für halbe Tage in meinem Arbeitssegment einzusteigen.

Es war ein Kompromiss für mich. Ich suchte eigentlich eine Vollzeitkraft, doch wie heißt es so schön: Lieber den Spatz in der Hand als die Taube auf dem Dach.

Sie entwickelte sich zu einer guten Mitarbeiterin und wir waren ein sehr gutes Team. Der einzige Makel war, dass sie sich schlecht durchsetzen konnte, auch heute noch. Es gibt Menschen, auch Profis auf ihrem Fachgebiet, welche sich schnell einschüchtern lassen. Vom Grundsatz war und ist sie auch heute noch perfekt, eben einfach nur zu zaghaft. Durch die Kraft ihrer Arbeit und ihres guten Fachwissens erfüllte sie viele Aufgaben exzellent. Sobald jedoch ein Kunde erkannte, dass sie sich schnell in Bedrängnis fühlte, z. B. bei fachlichen Diskussionen, wurde sie beherrscht. Trotz dieser Schwachstelle war und blieb sie unser Teammitglied.

Starke Persönlichkeiten akzeptieren keine Einschüchterungen. Viele Menschen nutzen schon die kleinsten Anzeichen von Schwäche bzw. Unsicherheit aus, um ihr Gegenüber zu irritieren und zu beherrschen.

Kurz danach hatte ich auch schon eine zweite Kandidatin an der Angel. Zwei gute Halbtagskräfte sind besser als gar nichts, dies war meine Devise. Doch zahlte ich natürlich mehr. Auch hier wieder Kompromisse, welche sich nicht vermeiden ließen.

Warum hatte ich mich hier ebenso auf Kompromisse eingelassen? Und was bedeutet ein Kompromiss? Betrachten wir zuerst einmal die Situation aus Sicht der klassischen Kosten. Durch Teilzeitarbeit entstehen zusätzliche Aufwendungen in Form von erhöhten Personalkosten sowie Verwaltungsarbeit und Arbeitsplatzkosten. Die Handhabung von zwei Halbtagsbeschäftigten ist aufwändiger als die Abwicklung einer Vollzeitkraft, bedingt allein schon durch die Lohnbuchhaltung, weil hier zwei Vorgänge zu bearbeiten sind.

Ein weiterer wesentlicher Faktor: Mitarbeiter mit einem guten Fachwissen orientieren sich vorrangig an großen Unternehmen, kleine wie auch START-UP-Unternehmen sind weniger von Interesse. Ein Lockmittel ist auf jeden Fall ein »Super-Gehalt«, nur so kann ich mir Spitzenfachkräfte an Land ziehen. Bitte immer berücksichtigen, gerade als START-UP-Unternehmen benötige ich Mitarbeiter, welche in ihrem Metier fit sind. Hier geht es dann um den Kompromiss, gutes Geld und gute Leute und wenn ich wenig bezahle, habe ich auch nur die Chance, mittelmäßige Angestellte zu finden.

Zwei Halbtagskräfte haben hier auch immer noch den charmanten Vorteil, zwei verschiedene Menschen mit unterschiedlichen Fähigkeiten im Team zu haben. Auch wenn es sich um gleiche Aufgabengebiete handelt, so gibt es auch angeborene Begabungen bzw. Talente. Erlernte Fertigkeiten werden differenzierter verstanden, z.B. unterschiedliche Begabung in den Bereichen Sprache, Kreativität, Musik und auch Motorik.

Meine erste Mitarbeiterin teilte mir in der Zwischenzeit unter Tränen mit, dass sie wieder schwanger sei, was nicht beabsichtigt gewesen sei, doch jetzt wäre es halt so. Personalpolitisch lernte ich nun auch, was man bei schwangeren Mitarbeiterinnen berücksichtigen muss, mit allem Komfort und zurück.

Hier muss ich schmunzeln. Da ich selbst keine Kinder habe und vielleicht ein wenig mehr männliche Hormone in mir trage, hat mich diese Situation oft zur Verzweiflung gebracht. Natürlich war auch Wut dabei, weil ich anfänglich davon ausgegangen war, dass die »plötzliche« Schwangerschaft eine geplante Aktion war. Das kommt nicht selten vor.

Familienplanung steht im Vordergrund, was ja auch schön ist, aber der Hintergedanke, »sobald ich schwanger bin, bin ich weg«, ist speziell für ein START-UP-Unternehmen nicht so spannend. Gerade in der Anfangsphase deines Business musst du dich auf deine Mitarbeiterinnen verlassen können und dies nicht nur für ein paar Monate.

Wie dem auch sei, bei meiner Mitarbeiterin war es nicht so. Hier hatte das Verhütungsmittel versagt. Was ich Jahre später doch als tatsächliches Missgeschick verstand. Wir sind heute noch freundschaftlich verbunden. Sie wurde auch von meiner späteren Nachfolgerin übernommen. Diese hatte Glück, es wurde ab da besser verhütet.

Ich lernte in vielen weiteren Situationen, dass du als Unternehmerin nie nur deinen eigenen Aufgabenwünschen nachgehen kannst. Hier gab es für mich persönlich immer ein neues START-UP, auch in den Aufgaben. Meine zweite Halbtagskraft stammte aus den USA und war schon ein Marketingprofi. In vielerlei Hinsicht eine wahrhaftig gute Unterstützung, doch auch hier gab es ein Handicap. Sie sprach leider ein sehr schlechtes Deutsch. Somit war die Einsatzfähigkeit begrenzt. Bei den internationalen Projekten machte sich diese Situation aber bezahlt. Wir konnten uns in einem perfekten Englisch präsentieren.

MEINE LEARNINGS FÜR DICH:

Zwei Halbtagskräfte bringen doppelt so viel persönliche Stärken ins Unternehmen als eine Vollzeitkraft. Allerdings bedeuten sie auch erhöhte Personalkosten und mehr Verwaltungsarbeit.

Wichtiges Thema: Kündigungsfristen

Weitere Kandidatinnen folgten, manche vielversprechend. Andere wiederum hatten sich zumindest im persönlichen Marketing gut verkauft, aber der Aufgabenpart wurde nur sehr kläglich bedient. In der Zwischenzeit hatte ich auch gelernt, Kündigungsfristen etwas straffer zu halten. Ich konnte mir somit bei nicht wünschenswerten Kandidatinnen ein wenig mehr Luft verschaffen.

Was heißt das genau? Gesetzliche Kündigungsfristen geben einen zeitlichen Rahmen für den Ablauf einer Kündigung vor. Dadurch können sowohl Arbeitnehmer geschützt werden als auch Arbeitgeber eine gewisse Planungssicherheit erhalten. Wie lange sind die gesetzlichen Kündigungsfristen überhaupt? Wann können Kündigungsfristen vom gesetzlich vorgegebenen Rahmen abweichen? Was muss man beachten? Dies musste ich mir erst einmal vor Augen führen.

Welche Kündigungsfrist gilt in welchem Fall? Die Kündigungsfristen werden im Arbeitsvertrag vereinbart. Diese können z. B. nach tariflichen Vorgaben gestaltet sein.

Das war aber bei einem kleinen Dienstleistungsunternehmen wie dem meinigen nicht von Belang. Ich habe die Kündigungsfrist individuell vertraglich festgelegt. Nicht jede Kandidatin ließ sich darauf ein. Aber ich hatte gelernt, nicht nur sozial für andere zu denken. Im Vordergrund stand mein eigenes Bedürfnis, nämlich die Freiheit zu haben, je nach Kandidatin zu entscheiden.

Fehlen solche Abmachungen im Vertrag oder wird explizit auf die gesetzlichen Kündigungsfristen verwiesen, dann gelten diese. Wenn im Arbeitsvertrag Kündigungsfristen verabredet werden, die von den gesetzlichen Normen abweichen, müssen diese trotz allem einige gesetzliche Vorgaben beinhalten. So darf die Kündigungsfrist von Arbeitnehmern z. B. nicht länger sein als die des Arbeitgebers.

Wichtig ist auch das Thema der Kündigung in der Probezeit. Innerhalb der Probezeit, welche höchstens sechs Monate dauern darf, gilt der gesetzliche Kündigungsschutz noch nicht. In dieser Zeit kannst du das Arbeitsverhältnis ohne Angabe von Gründen mit einer Frist von zwei Wochen kündigen.

Betriebe mit bis zu 20 Arbeitnehmern haben den Vorteil von Sonderregelungen. Wenn du als Arbeitgeber in der Regel nicht mehr als 20 Arbeitnehmer beschäftigst, sieht § 622 eine Sonderregelung vor. Hier gibt es sehr viele Möglichkeiten, ich möchte nicht auf alle Themen eingehen. Festzustellen ist: Für kleine Unternehmen sieht die Welt etwas freundlicher aus, wenn es darum geht, weniger gutes Personal wieder loszuwerden.

Man kann z. B. im Arbeitsvertrag eine vierwöchige Kündigungsfrist ohne festen Kündigungstermin vereinbaren. Dies ist eine gute und praktikable Lösung. So kannst du schnell und ohne Umschweife neues Personal suchen. Schließlich kannst du dir als Jungunternehmerin leider keine faulen Eier leisten. Meistens, so hat mich die Erfahrung gelehrt, folgten nach Kündigungsansagen direkt die Krankmeldungen. Das heißt, als kleiner Unternehmer zahlst du dann fürs Nichtstun. Größere Unternehmen können eine solche Situation besser verkraften. Das soll nicht heißen, dass es nicht auch dort ärgerlich ist.

MEINE LEARNINGS FÜR DICH:

Es ist nicht zu vermeiden, dass du Mitarbeiter auch mal kündigen musst. Als START-UP-Unternehmerin kannst du Kündigungsfristen vertraglich so festlegen, dass du schnell geeignetere Kandidaten einstellen kannst. Halte dich jedoch stets an die gesetzlichen Vorgaben!

Wunderwaffen bei alltäglichen Konflikten im Job

Manchmal kamen mir Zweifel, ob die Entscheidung, mit Mitarbeitern zusammenzuarbeiten, der richtige Weg war.

Ich bin gern mit Menschen zusammen. Aber es ist nicht ganz einfach, ein Business aufzubauen, wenn Menschen, sprich deine eigenen Angestellten, dich daran hindern. Wie meine ich das? Leider gibt es immer Konflikte. Menschen sind viel zu verschieden, als dass sie sich kommentarlos unterordnen würden. Grundsätzlich ist dies auch kein Problem. Als Gründerin eines kleinen Unternehmens bist du auch Personalleiter.

Es gibt Gelegenheiten, in denen du dein Team zu mehr Selbstständigkeit motivieren kannst. Dies bedeutet, du gibst Verantwortung ab. Vorab musst du dir aber erst einmal selbst Fragen stellen, um in Personalthemen vernünftig entscheiden zu können. Diese nachfolgend aufgeführten Fragen solltest du an dich selbst richten:

1. Kommuniziere ich klar und deutlich im Beruf?
2. Teile ich ohne Umschweife mit, was ich wünsche?
3. Löse ich Konflikte souverän?
4. Verstehe ich vorrangig erst einmal mich und dann folgend die anderen?

Es gibt Drama-Dreiecke oder Drama-Piktogramme, welche interne Komplikationen optisch klar darstellen. Dies hört sich sehr kompliziert an und dürfte auch in einem kleinen Unternehmen den Aufwand etwas zu hoch ansetzen.

Für große Unternehmen ist dies ein aufschlussreicher Vorgang, um die internen Verläufe von Konflikten besser zu überblicken. Trotzdem solltest du als START-UP-Unternehmerin auch in diesem Bereich Professionalität walten lassen. Auch in deinem Unternehmen kann es zu diesen Problemen kommen.

Wie schon vorweg beschrieben, solltest du dir die genannten Fragen stellen. Sie helfen dir dabei, die Entstehung und den Hergang von Konflikten besser zu verstehen. Alle zwischenmenschlichen Beziehungen, in diesem Fall im Büro, zeigen auf, wo persönliche Präferenzen liegen. Dies soll heißen, dass du sicherlich deine Lieblinge hast und in kritischen Situationen ab und zu zwei Augen zudrückst. Du musst als Firmenchef jedoch verstehen, an welchen Stellen du für Manipulationen anfällig bist und wie du dies vermeiden kannst. Als Chefin musst du neutral bleiben. Streit und Drama musst du aus dem Weg gehen.

Auch ich hatte so meine Präferenzen. Als Unternehmerin musst du hier stark trennen. Die fachlich kompetentesten Mitarbeiter waren meistens weniger sympathisch und neigten größtenteils zu Arroganz. Die »Gute-Laune-Kollegen« verzettelten sich hingegen häufig in ihrem Timing und fanden nicht schnell genug den passenden Punkt bzw. das Ergebnis. Natürlich gibt es Ausnahmen, aber diese findet man nicht häufig.

MEINE LEARNINGS FÜR DICH:

Schaue bei Konflikten zwischen Mitarbeitern zuerst auf dich und überprüfe deine Kommunikation. Versuche, stets klar zu kommunizieren und keine Partei zu ergreifen. Dieser Abstand erlaubt es dir, Streit und Drama zu vermeiden.

Rollenverteilung im Büroalltag

Mitarbeiter sehen sich bei Auseinandersetzungen in unterschiedlichen Rollen. So gibt es:

1. die Retter-Rolle,
2. die Verfolger-Rolle und
3. die Opfer-Rolle.

Nachfolgend beschreibe ich die einzelnen Rollen, wobei sich dieses Rollenspiel auch ineinander verwebt. Das heißt, Rollen können fliegend gewechselt werden.

Die Verfolger-Rolle

Der Verfolger tritt als Angreifer auf. Er kritisiert, weist zurecht, macht Vorwürfe, kontrolliert und weiß sowieso alles besser. Meistens wirkt es so, als hätte der Verfolger die wichtigste Position inne. Häufig handelt es sich auch tatsächlich um Personen, welche in der Hierarchie über den anderen Kollegen stehen – zum Beispiel Führungskräfte.

Menschen, die schnell wütend werden oder sich ungern anderen Menschen unterordnen, finden sich oft in der Verfolger-Rolle wieder.

Die Opfer-Rolle

Häufig haben Mitarbeiter bewusst oder auch unbewusst Tricks drauf, um sich selbst zu schützen und auch Unwissenheit zu vertuschen. Oder eben, weil sie einfach faul sind. Menschen, die in die Opfer-Rolle schlüpfen, präsentieren sich den anderen Beteiligten gegenüber als schwach und hilflos. Sie versuchen nicht, ihre Probleme zu lösen, und tragen damit selbst zu ihrer Hilflosigkeit bei. Ein Mensch in der Opfer-Rolle blendet eigene Fähigkeiten und Möglichkeiten aus und macht sich kleiner, als er tatsächlich ist. Andere Beteiligte können das nicht mit ansehen und wollen ihm beistehen. So wird der Retter eingeladen, dem Opfer zu helfen.

Die Retter-Rolle

Der Retter greift oft helfend in die Probleme und Konflikte anderer ein. Er gibt gute Ratschläge, tröstet oder hilft, ohne darum gebeten worden zu sein. Menschen, die die Retter-Rolle besetzen, werden von der Gesellschaft im Allgemeinen als großzügig und hilfsbereit wahrgenommen.

Doch der Retter spielt eine genauso wichtige Rolle im Aufrechterhalten des Dramas wie Verfolger und Opfer. Denn er fühlt sich ebenfalls überlegen und durch seine ungebetene Hilfe schwächt er das Opfer weiter. Der Retter ist der Meinung: Ohne meine Unterstützung geht es hier nicht weiter.

Ein Beispiel verdeutlicht die Rollen: Lautdenkende Mitarbeiter verführen dazu, zuzuhören und ggfs. auf Fallen einzusteigen. So fragt ein Mitarbeiter beispielsweise: »Wie ordne ich die mir vorliegende Aufgabe zu?« Dabei schaut er ein wenig ratlos drein, mit der indirekten Aufforderung, Antworten von Kollegen zu erhalten. Ein solches Verhalten könnte ein Indiz für eine Opfer-Rolle sein, wenn es öfters auftritt.

Es gibt dann Kollegen, welche dieses Verhalten, als Einladung verstehen und springen entsprechend an. Man könnte auch sagen: Sie tappen in die Falle!

Wenn dann Vorschläge seitens der Kollegen kommen, übernehmen diese zwangsläufig das Denken für ihren Kollegen. Die Falle ist Folgende: Falls irgendwann diese Aufgabe mit der Unterstützung der Kollegen nicht rundläuft, könnte der jeweilige Unterstützer im Büro für Negatives verantwortlich gemacht werden. Der dann ursprünglich in der Opfer-Rolle stehende Kollege entwickelt sich dann zum Verfolger. Dies sind zum Teil hässliche Spielchen, aber leider kommt eine derartige Situation sehr häufig vor.

Als Chefin solltest du in solchen Situationen immer eine neutrale Rolle übernehmen. Du musst in vielen solcher Fälle eine erfolgreiche Kommunikation führen, Konflikte lösen und vor allen Dingen deine Mitarbeiter richtig einschätzen. Dies hört sich nach einem komplett anderen Berufsbild an als das, was du angestrebt hast. Doch als Chefin eines kleinen Unternehmens musst du eigentlich fast alles können.

Die meisten Menschen betrachten sich im Büro als Typ in der Opfer-Rolle. Warum ist das so? Im Prinzip ist dies der einfachste Weg, sich von Verantwortung freizumachen. Die häufigsten Aussagen gehen in die Richtung: »Ich werde schikaniert« oder »Meine Arbeit wird ständig kritisiert«.

Die meisten Menschen versäumen, sich selbst einmal kritisch zu betrachten. Auch als Chefin musst du dir ab und an die Frage stellen, welchen Anteil der Mitarbeiter trägt und welchen Anteil du zu Situationen beiträgst. Natürlich wird es im Geschäftsleben, wie auch im gesamten Leben, z. B. auf der See, ab und zu etwas rauer. Dies ist normal und hängt auch davon ab, wie das Tagesgeschäft läuft oder wie besondere Zeiten ein besonderes Agieren notwendig machen, z. B. in Corona-Zeiten.

Das Gesetz der Verantwortung trägt jeder für sich selbst. Wenn ich mich selbst in eine Misere reite, dann bin ich ebenso in der Lage, mich wieder herauszumanövrieren. Und dies ist die Realität. Keiner kann sich hinter bequemen Aussagen verstecken. Es gibt Beispiele, an denen du erkennen kannst, dass du an verschiedenen Situationen selbst schuld bist. Zum Beispiel wenn ein Kollege seine Arbeit immer auf dich abwälzt. Oder wenn Kunden grundsätzlich Meckereien auf dir abladen.

Die Frage, welche sich hier stellt, ist Folgende: Trage ich dazu bei? Wie hoch ist mein Anteil an dieser Situation? Auf jeden Fall macht diese Denkweise freier und stärkt das Gefühl: Nicht jeder kann mit mir machen, was er will.

Es ist also wichtig, genügend Abgrenzung zu Themen zu halten, welche du nicht magst, welche du nicht übernehmen möchtest und für welche du grundsätzlich auch nichtverantwortlich bist. Hier kommen wir zum eigentlichen Thema.

Gerne schieben Menschen Aufgaben weiter, worin sie selbst nicht fit genug sind und dadurch feststellen, dass sie sie nicht perfekt erfüllen können. Es wird grundsätzlich immer Negatives weitergeschoben. Es gilt, sich aus einer solchen Rolle zu befreien.

Nicht alle Chefs und Kollegen handeln immer zum Wohle des Unternehmens, häufig sind die eigenen Interessen in deren Denken vorrangig. Das ich-bezogene Verhalten ist mittlerweile »chic« in unserer Welt und die Interessenkonflikte im Arbeitsalltag erschweren ein gutes Teamwork. Wie ich gleich näher beschreiben werde, zählt das Teamwork zu den wichtigsten Begebenheiten, im Besonderen in kleinen Unternehmen und den START-UPs. Dabei ist zwischen Sach- und Beziehungsebene zu unterscheiden. Wenn die Sachebene verlassen wird, ist eine gefährliche Situation im Anmarsch.

Teamwork, FCSP — was ist das?

Jeder Fußball-Fan würde jetzt heftig lachen. FCSP ist nämlich der Fußballclub FC St. Pauli in Hamburg. Im Zusammenhang mit »Play as a Team« in der Berufswelt finde ich den Vergleich mit einem Fußballteam aber sehr passend. Im vorangegangenen Kapitel habe ich das Rollenspiel innerhalb eines Kollegenteams beschrieben, so vergleiche ich auch ein gutes Teamwork immer mit einer Fußballmannschaft.

Für mich ist der FCSP der beste Club der Liga. In diesem Fall aktuell die zweite Bundesliga. Was nicht ist, kann ja noch wer-den, das mit der ersten Liga und mit dem aktuellen Trainer. Die Aussichten sind nicht schlecht. Ich bin schon seit vielen Jahren Fan und Mitglied auf Lebenszeit. Alle 14 Tage treibt es mich aus dem Rheinland nach Hamburg, um Heimspiele am Millerntor im Stadion live zu erleben.

Es ist immer wieder ein Erlebnis der besonderen Art. Die Fußballspieler werden gefeiert und man hält zueinander. Eine Wahnsinnsatmosphäre vor dem Spiel stimmt ein und mit Gän-sehaut und Herzklopfen singen alle Zuschauer zum Auftakt:

»Das Herz von St. Pauli, das ist meine Heimat, in Hamburg bin ich zuhaus.« Das Vereinslied ist sehr traditionell und stammt im Ursprung von Hans Albers.

Kommen wir zum Vergleich Fußballteam und Team am Arbeitsplatz im Büro: Stelle dir einfach vor, du sitzt im Büro und bist für einen großen Auftritt bereit, weil du überzeugt bist, alles schaffen zu können, was du dir vorgenommen hast. So ergeht es einem Fußballspieler, überzeugt von sich selbst und mit Unterstützung seiner Club-Kollegen und nach den Regeln eines Fußballspiels, gelingt dies oft.

Liebe den Sport, leite das Spiel, so lautet es beim DFB (Deutscher Fußball-Bund). Im klassischen Berufsleben ist dieser Leitsatz ebenso wirksam. Wenn du deine Arbeit liebst, dann bist du zu allem fähig, auch das Leben auf der Gewinnerstraße zu führen. In dieser Art des Umgangs mit Aufgaben spiegelt sich auch hier immer wieder ein START-UP.

Immer und immer wieder starten, mit viel Energie gewinnen und gute Ergebnisse zu erzielen. Es gibt viele Regeln im Fußball, nicht alle möchte ich hier detailliert erläutern, dies wäre auch zu kompliziert und passt nicht im Detail zum Thema des Buches. Doch greifen wir einmal den Punkt des klassischen Abseits auf.

Ein Fußballspieler steht im Abseits, wenn er sich zum aktuellen Zeitpunkt, wenn der Ball von einem Mitspieler gespielt wird, weiter vorne auf dem Spielfeld befindet als der Ball und der vorletzte Gegner. Dies gilt auch nur, wenn der Spieler sich in der gegnerischen Spielfeldhälfte befindet und aktiv am Spiel teilnimmt. Hört sich kompliziert an, ist es aber nicht.

Welche Abseitsrolle kann dir auch im Berufsleben passieren? Das Äquivalent im Büroalltag wäre z. B. die Ausgrenzung am Arbeitsplatz. Was bedeutet eine Ausgrenzung? Wenn deine Kollegen niemals fragen, ob du nach Feierabend zu einem Abendessen mitkommen möchtest. Wenn du nie in private Gespräche integriert wirst. Was bedeutet das? Mobbing? Ist es ebenso die Ausgrenzung und das Fehlinformieren oder gar Nichtinformieren bei wichtigen Themen in der täglichen Berufswelt? Auf jeden Fall sind derartige Verhaltensstrukturen nicht hilfreich für ein Teamwork. Nur gesamtheitlich wird es zu einem guten Arbeitsergebnis kommen.

MEINE LEARNINGS FÜR DICH:

Ein Fußballspieler wird nie ein ganzes Spiel entscheiden. Wie im Mannschaftssport ist Erfolg auch in der Berufswelt nur durch Teamwork möglich.

Warum Netzwerke so wichtig sind!

Für jeden START-UP-Unternehmer ist es wichtig, sich ein sehr gutes Netz von Geschäftspartnern aufzubauen, sofern nicht schon vorhanden. Wie kleine Agenturen echte strategische Wettbewerbsvorteile erzielen können, möchte ich hier ein wenig erläutern:

Kleine Agenturen haben es schwer, sich am Markt zu behaupten. Es erfordert mehr als ein gutes Image und ein umfangreiches Kundenportfolio. Die häufig gedachte Idee einer 360-Grad-Agentur sollte korrekt interpretiert werden. Nicht als Rundum-Dienstleister, sondern als Rundum-Helfer im Lokalisieren der gewünschten Kundenziele. Dies ist ein sehr wichtiger Aspekt! Es gibt viele Dienstleister, welche sich nach außen so geben, als würden sie sämtliche Arbeiten und Dienstleistungen im gewählten Wirtschaftssegment selbst beherrschen und anbieten. Hier muss ich sagen: »Schuster, bleib bei deinem Leisten!« Tue nichts, wovon du nichts verstehst; rede nicht über etwas, womit du dich nicht auskennst.

Global denken öffnet Horizonte

Ebenso wichtig wie Netzwerke im Kleinen sind auch Netzwerke im Großen. Dem geht hier das globale Denken voraus. »Netzwerke der nächsten Generation« habe ich es einmal in einem persönlichen Gespräch im Freundeskreis genannt. »Think global«! Warum? Es macht Spaß weltweit aktiv zu sein, und es ist ebenso attraktiv, ein Business im erweiterten Radius zu vermarkten.

Ein globales Agieren ist nicht nur geschäftlich wichtig und lehrreich. Zudem erweitert es den eigenen Horizont bezüglich der Menschheit. Was wissen wir über unsere »Mensch-Kollegen« in Asien, Afrika und Amerika, um hier nur Beispiele zu nennen? Eigentlich nicht sehr viel, weil vieles sehr oberflächlich gehalten wird. Ich habe aus meiner früheren und aktuellen Zeit im internationalen Agieren sehr viel im Umgang und im Erkennen von Unterschieden der Nationalitäten und Gepflogenheiten gelernt. Es hilft, vieles zu verstehen.

Bei mir entwickelte sich das Gespür für die Menschheit weltweit schon in meinen frühen beruflichen Anfängen. Ich war und bin im Grunde genommen keine typisch Deutsche. Es fällt mir leicht, offen für alles zu sein, Neues neugierig zu betrachten, zu bewerten und auch anzunehmen. Die Vorsicht und auch das Abschotten haben mich nie so intensiv geprägt, ich bin immer für vieles bereit.

Pünktlichkeit, Ordnung und auch Humorlosigkeit sagt man den Deutschen nach, German Angst, ebenso die soziale Kontrolle sind Charakterzüge, welche weltweit als besonders deutsch angesehen werden. Aus meiner Sicht stimmt manches, ein Teil davon nicht und anderes wird überbewertet.

Ich denke, die jüngeren Generationen stellen sich anders dar und entwickeln bedingt durch die immer stärker werdende Globalisierung ein anderes Gespür für Ansichten in Sachen Menschen und ihre Gewohnheiten. Dies soll kein Vorwurf gegenüber der älteren und meiner Generation sein, es ist halt einfach der Lauf der Dinge.

Geprägt durch mein Elternhaus hatte ich in den frühen Jugendjahren fremdländischen Menschen gegenüber ein gemischtes Gefühl, was sich recht schnell veränderte. Meinen Wunsch und Drang, die große weite Welt kennenzulernen, erfüllte ich mir schon recht früh. Ich betrachtete Europa nicht als die große weite Welt, Europa hatte ich schon als Kind mit den Eltern und später als Jugendliche bedingt durch Schule und Studium kennengelernt. Andere Kontinente, andere Klimazonen, andere Sitten, Eigenarten und Religionen, all dies wollte ich kennenlernen.

Der aktuelle Krieg in Europa verhindert wieder einmal die Möglichkeit, befreit und ohne Vorurteile Länder und Regionen dieser Welt zu bereisen. Sehr schade. Was auch immer die Despoten dieser Welt dazu führt, wieder eine Rückentwicklung anzustreben, ich kann es nur vermuten. Ich möchte dir in diesem Kapitel vor allem näherbringen, wie schön und interessant unsere Welt ist.

Die letzten 75 Jahre brachten mit viel Vernunft und Zuversicht die Menschheit weltweit näher. Der Zweite Weltkrieg hatte gezeigt, was Hass und Arroganz sowie Hochmut, Anmaßung oder Überheblichkeit letztendlich bringen. Überhaupt nichts!

Schauen wir mal über den Tellerrand. Viele Länder machen neugierig und ich hatte von Anfang an den Wunsch, ganz Fernes, ganz Fremdes kennenzulernen. Meine erste große Reise brachte mich nach Asien und Australien. Die ersten Ersparnisse wurden sorgfältig für die vierwöchige Reise geplant. Es sollte nach Thailand, Hongkong, Singapur, Bali und den Norden Australiens gehen – eine Reise mit verschiedensten Eindrücken. Sehr kontrastreich, aber spannend und ich erkannte schon auf dieser ersten Reise: Ich will mehr!

1980 ging es dann los. Die Reise startete im November und brachte direkt am Anfang den Wetterkontrast zur Geltung. Es begann in Thailand, die Stadt Bangkok hat viel zu bieten und ich musste mich entscheiden, was ich in zwei Tagen sehen möchte und auch kann. Auf jeden Fall sah ich mir den Wat Phra Kaeo Palast inmitten der Stadt an. Für eine Einsteigerin in eine andere Religionswelt war das ein fantastischer Besichtigungspunkt. Ich möchte in diesem Buchabschnitt keinen Reiseführer ansetzen, dies wäre vermessen und auch nicht Sinn meines Schreibens. Stattdessen möchte ich zeigen, dass die unterschiedlichen Nationalitäten ein besonderer Reiz meiner Reisen sind.

Später folgten die Kontinente, welche ich aus beruflichen Gründen häufiger aufsuchen musste. Wie schon berichtet, zählten u. a. der Iran sowie auch die Messestädte Dubai und Abu Dhabi dazu. Der Iran war das an kultureller Erfahrung aufwendigste Land, eben auch speziell für Frauen. Es gab Jahre, in denen sich die Situation der Akzeptanz und Gleichberechtigung verbesserte. Diese Zeit habe ich dort erlebt, doch heute finden wir leider wieder zum historischen Ursprung zurück. Das Musterland an Frauendiskriminierung findet wieder zurück zu alten Verhaltensweisen. Sehr bedauerlich. Meine Erfahrungen in diesem Land, aus den Jahren, in denen ich dort gearbeitet hatte, haben mich innerlich sehr aufgewühlt, aber auch meine eigene Akzeptanz geprägt.

Man gerät manchmal an seine Grenzen in Sachen Akzeptanz, so auch in diesem Fall. Einfach annehmen, dass verschiedene Religionen einen anderen Ursprung haben, als wir kennen und uns vorstellen können.

Was über viele Jahrhunderte in einer gesellschaftlichen Struktur gewachsen ist, kann man nicht so ohne Weiteres verändern. Lediglich eine sanfte Richtungsänderung und diese auch größtenteils von außen kommend, kann Zukunft, in diesem Fall Gleichberechtigung, bedeuten. Auch hier ist wieder mein Lieblingswort START-UP inhaltlich integriert.

Wirtschaftlich gesehen ist der Iran ein interessanter Partner und wer sich der Bürde annimmt, manches anzunehmen, wie es ist, wird sicherlich ein gutes Business machen können. Dies soll allerdings kein Freispruch für die aktuelle Regierung dort sein. Ich möchte hier auch nicht politisieren, es ist lediglich eine Erläuterung zum Thema Akzeptanz.

In einem START-UP-Unternehmen erfährst du als Gründerin im Laufe der ersten Jahre viele solcher Situationen, in denen du auch schon mal eine Faust in der Tasche machen musst. Es ist die Gratwanderung zwischen dem unbedingten Wollen und so Weitermachen. Es ist ein konstanter Lernprozess.

Auch zahlreiche Reisen in die USA haben meinen Horizont in vielerlei Hinsicht erweitert. Das große, weite und freiheitsliebende Amerika ist nicht unbedingt in all seinen Facetten genau das, was es uns immer wieder über Jahrzehnte weismachen will.

Natürlich werden gerade in der Businesswelt viel großzügigere Entscheidungen getroffen und laut dem American Dream kann jede einzelne Person in den USA, unabhängig vom sozialen und finanziellen Status, durch harte Arbeit und den Glauben an sich selbst alle Ziele erreichen. Doch was ist wirklich dran am American Dream?

Auf jeden Fall wird der Erfolg des Einzelnen in den Vordergrund gestellt und nicht das Wohlergehen der gesamten Bevölkerung. Dies bringt natürlich Vorteile, zum Beispiel niedrige Steuern und wenig Einmischung des Staates. Dadurch investieren viele europäische wie auch asiatische Unternehmen sehr gerne in den USA. Somit steigert sich auch wiederum das Wirtschaftswachstum, was dann trotz alledem auch Wohlstand für viele Menschen bedeutet.

Der Schriftsteller James Truslow Adams war der erste, der in seinem Roman »The Epic of America« den Ausdruck »The American Dream« nutzte. 1931 betonte er in seinem Buch vor allem den amerikanischen Traum nach einer gerechteren Welt. Seitdem ist dieser Ausdruck weltweit ein Begriff.

Beleuchten wir das einmal. Machen wir ein START-UP, um zu verstehen, was dahinter steckt beziehungsweise was eigentlich unterm Strich vom Urgedanken übriggeblieben ist. In den vielen Jahren meiner Reisetätigkeit hat es mich mindestens ein- bis zweimal jährlich in die USA getrieben und dies seit 1985. Über diese Jahrzehnte habe ich persönlich im Business wie auch im privaten Bereich diesen Habitus verfolgt. Amerika, so wird immer es gesagt, ist das Land der Fast-Food-Ketten und des BBQ. Sicherlich richtig, beides wurde auch dort erfunden und gelebt, aber es gibt ebenso wie in anderen Regionen auf dieser Welt auch sehr Erlesenes. Gehobene Gastronomie ist hier genauso zuhause und findet hohen Anklang. Ich kann das nur bestätigen. Wie so üblich in vielen anderen Gedankenwelten gibt es immer und überall Vorurteile und diese gilt es, auszuräumen.

Kommen wir auf das Thema Business-Welt: Amerikanische Geschäftsleute geben sich gerne locker und leger. Doch die Business-Etikette in den USA unterliegt strengen Normen und Ritualen. Als Deutsche ist es am Anfang eine angenehme Erfahrung, mit der amerikanischen Geschäftswelt in Kontakt zu kommen.

Überall wird man überwältigend freundlich behandelt, zuvorkommend und sehr aufmerksam kommt man auf einen zu.

But »be careful«, zu viel Freundlichkeit trügt, dies aber im Übrigen überall auf dieser Welt. Die amerikanische Business-Etikette ist eine andere, als wir sie z.B. in Europa kennen. Sie ist teilweise strenger und benötigt als Basis sehr viel soziales Geschick. Greifbare und weiche Qualitäten sind nicht gefragt. Was wir Europäer bei den Amerikanern als oberflächliches und zu extrem freundliches Verhalten bemerken, ist im Grunde genommen eine der wichtigsten Fertigkeiten, ein absolutes Muss, um in der Business-Welt zu bestehen. Die Regeln sind hier anders.

»Es kann 20 Jahre dauern, einen Ruf aufzubauen«, zitiert John Whitmore, Sachbuchautor zum Thema Coaching, gerne Warren Buffett. »Aber es dauert nur fünf Minuten, ihn zu ruinieren.« Die Regeln sind nur anders – oft subtiler und unterschwelliger. Die gleiche Situation wird jenseits des Atlantiks meist völlig anders verstanden. Die Fettnäpfchen lauern überall.

MEINE LEARNINGS FÜR DICH:

Übe dich in globaler Offenheit. Die Akzeptanz anderer Sitten und Bräuche kann dir wertvolle Geschäftswege eröffnen. Dazu musst du manchmal Hürden überwinden. Doch bedenke immer: Du befindest dich in einem fortwährenden Lernprozess. In diesem Zuge ist es auch unabdingbar, dass du dich mit den Gewohnheiten der Business-Welt in fremden Ländern befasst, um dich gut zurechtfinden zu können und nicht negativ aufzufallen.

4. START-UP NACH GLOBALEN KRISEN

Lernprozesse zu Corona-Zeiten

Corona – das leidvolle Thema. Wie veränderte Corona unser gesellschaftliches Miteinander? Diese Zeit war ein sozialer Belastungstest. Die weltweite Gesellschaft befand sich in einem großen Umbruch mit unklarem Ausgang. Viele Themen kamen in dieser Zeit auf. Manches hat sich verbessert, manches nicht. Das Verständnis und der Umgang mit Technik wurden wesentlich erhöht. Flexibilität wurde ein großes Wort. Im Berufsleben gab es verstärkt die Möglichkeit, auch im Home-Office zu arbeiten. Die wesentlichen Vor- und Nachteile erkannte man natürlich auch. Grundlegende, bis dahin vorhandene Normen gingen in Konflikt mit dem bisher bekannten Leben.

Gekommen, um zu bleiben: Das Home-Office

Während der Pandemie hatte sich das Arbeitsleben stark verändert. Das Home-Office hält sich als Errungenschaft, löst aber nicht unbedingt alle Probleme. Für viele Beschäftigte ist es zu einem festen Bestandteil im Berufsleben geworden. Reichlich »Für und Wider« befeuert auch heute noch dieses Thema. Dazu gehört die Kostenoptimierung durch Verringerung der Bürofläche, was für viele Firmen sehr interessant war und immer noch ist, insbesondere für START-UPs.

Allerdings besteht eine schlechtere Kommunikation und für kleine Unternehmen ist dies gerade ein wichtiger Punkt. Kurze Kommunikationswege erleichtern Projektarbeit und ermöglichen eine schnellere Abwicklung. Video-Konferenzen hin oder her, die digitale Kommunikation ist einfach nicht zu vergleichen mit dem »Mal-eben-um-die Ecke-Schauen«. Auch der soziale Zusammenhalt zwischen den Mitarbeitern schwindet bei reiner Home-Office-Arbeit.

Ideen und Technik und was sonst noch dazugehört

Was ist Zukunft? Ganz neue Wege in der Kundensegmentierung und auch ganz neue Berufspraxis.

Was haben wir nicht alles versucht zu Corona-Zeiten, um das Business am Laufen zu halten. Viele Herausforderungen mussten gemeistert werden, um die wirtschaftlich schlechten Zeiten, speziell als Dienstleisterin, zu überstehen. Es war wirklich nicht einfach. Viele Menschen haben am Anfang dieser Zeit ihr Leben verloren. Es gab zu Beginn keine Impfstoffe und weltweit wurde kompromisslos geforscht. In kürzester Zeit gab es viele Versionen von Vakzinen. Es war beispielhaft, wie eine weltweite Zusammenarbeit funktionieren kann! Alle sonst vorhandenen politischen wie auch andere Vorbehalte wurden ausgesetzt. Grenzenlos, im wahrsten Sinne des Wortes, wurde zusammengearbeitet.

Es zeigt sich: Wenn es darauf ankommt, ist ein gemeinsam menschliches Denken und Wirken möglich. Natürlich alle Despoten dieser Welt halbwegs ausgeschlossen.

Es war eine Situation, welche man grundsätzlich für beunruhigend halten kann. Viele meiner Kunden zogen sich in Sachen Auftragserteilung zurück. Auch Kunden mit bestehenden Verträgen hielten sich in der Bearbeitung von Projekten zurück und nutzten Paragraphen in den Verträgen, welche ermöglichten, aufgrund von Wirtschaftssituationen eine Beauftragung zu verringern.

Nach der anfänglichen Schockphase hatte die Menschheit wieder Bodenhaftung gefunden, auch hier wieder START-UP. In nächtlichen Stunden überlegte ich mir, was kann und muss ich tun, um mein Business wieder zum Laufen zu bringen? Die wichtigste Frage auf meiner To-Do-Liste: Wie bezahle ich meine Mitarbeiter?

Grundsätzlich galt es, herauszufinden, welche Branche auch in diesen schlechten Zeiten volle Auftragsbücher hatte und bereit war, eine Agentur für die Unterstützung zu bezahlen. Das stellte ich fest: Zum Ersten gab es staatliche Unterstützung, was beruhigend wirkte. Aber man musste sich im Klaren darüber sein, dass es nie so einfach ist, fremdes Kapital für lau zu erhalten. Ich checkte die Möglichkeiten. Für mich stand fest: Hierauf wirst du als Unternehmerin nicht einsteigen. Rückzahlpflichten, welche natürlich später ein großes Thema werden würden, sollten nicht mein Fokus sein.

Zum Zweiten galt es, zu überlegen, von welchen Mitarbeitern ich mich gegebenenfalls trennen müsste, damit das Unternehmen nicht in Schieflage geriet. Auch ein Punkt zur Überbrückung bei schlechten Zeiten ist die Nutzung des Kurzarbeitergeldes. Ich hatte reichlich zu tun. Vorwiegend Tätigkeiten, welche selbstverständlich ich als Unternehmerin zu lösen hatte. Unter Berücksichtigung aller Perspektiven hatte ich mich fürs Erste für das Kurzarbeitergeld entschieden. Niemand sollte entlassen werden und ich verschaffte uns monetären Spielraum, um unser Dienstleistungsangebot zu erweitern. Ich ermöglichte meinen besten Mitarbeitern Schulungen und Studien im Bereich digitales Marketing, SEA und SEO.

Nach einem Jahr hatte sich eine Mitarbeiterin so spezialisiert, dass ich mit ihr zusammen neue wirtschaftliche Wege aufbereiten konnte. Selbstverständlich hatte ich mich in diesen Bereichen auch weitergebildet. In einem kleinen Unternehmen muss ich als Inhaberin in allen Themen fit sein. Ich verhindere damit, dass ich beim Zukunftsbusiness den Führungsfaden verliere.

Es galt, neue Kunden zu akquirieren, speziell bezogen auf die Digitalität des Marketings. Wir starteten und begleiteten die Social-Media-Präsenz unserer Kunden. Speziell zur Corona-Zeit entwickelte Software-Tools ermöglichten digitale Messen, die wir auch für unsere Kunden durchführten.

Für viele Kunden war dies in den Anfängen eine schwer zu verstehende Notwendigkeit. Wir als Marketingler und Versteher in Sachen Sales repräsentierten für unsere Kunden Messen auf digitalem Weg. Grenzenlose Möglichkeiten in der virtuellen Welt ließen es zu, die Kunden unserer Kunden über diesen Weg einzuladen und an einer Messe teilnehmen zu lassen.

Wie auf einer physischen Messe präsentierten wir für unsere Kunden Leistungen und Produkte. Der Messebesucher hatte die Möglichkeit, sich auf dem Messestand überall hin zu navigieren. Über den Empfangsbereich bis zum einzelnen Podest oder zur Vitrine sowie zu Besprechungsräumen – alles war über einen Klick zu erreichen. Bei Fragen standen die Aussteller-Mitarbeiter per Chat oder Telefon zur Verfügung.

Die Messe-Location konnte wie für einen physischen Besuch gestaltet werden. Außenansicht, Lobby, Messehalle und Messestände. Die webbasierte Messeversion ersetzte selbstverständlich keinen klassischen physischen Messebesuch, doch zu Corona-Zeiten war dies eine fantastische Alternative.

Natürlich sind wir froh, dass sich die Zeiten normalisieren und die klassischen Messeaktivitäten wieder Vorrang haben. Es gilt nach wie vor: Das physische Glas Rotwein schmeckt auf jeden Fall besser als das virtuelle. Wir hatten mit diesem neuen Marketing-Tool auf jeden Fall einen guten und neuen Schritt gewagt. Auch in Sachen neues Kundenpotenzial hatten wir den richtigen Griff gewagt. Mit dem Blick auf das Wesentliche brachten uns unsere Ideen gut über die Runden, wie man so schön sagt. Doch kaum hatten wir diese Zeit überstanden, folgte das nächste Problem.

Ein Problem folgte dem nächsten: Krieg in Europa, was nun?

Wir waren gerade dabei, die schlechten Corona-Zeiten zu überstehen. Die Normalität war auch im Berufsleben wieder zurückgekehrt. Dann folgte die nächste Katastrophe: Russland startete einen Krieg gegen die Ukraine. Ein bis dahin undenkbares Spektakel beherrschte alle Medien der Welt. Viele Menschen waren erschüttert und zugleich erbost, dass so etwas überhaupt noch im modernen Europa passieren konnte.

Die sehr traurige Tatsache, dass bis heute sehr viele Menschen ihr Leben in diesem Krieg lassen mussten, wurde zeitlich von der Energiekrise begleitet. Die große Abhängigkeit von Gaslieferungen aus Russland machte das gesamte Leben nicht einfacher, im Gegenteil: Ganz neue Probleme brachten für jedes Unternehmen, ob groß oder klein, eine signifikante Veränderung an die Oberfläche.

Viele Industrien haben bis zum heutigen Tag große Probleme, kostenoptimiert zu produzieren, und bedingt dadurch haben wir wirtschaftlich weitere Herausforderungen zu bewältigen. Alles wurde teurer und bis heute gibt es für viele Menschen keine Chance, aus diesem Dilemma herauszukommen. Staatliche Unterstützungen hielten und halten bis heute diesen Teil unserer Gesellschaft am Überleben – im wahrsten Sinne des Wortes.

Erneut standen und stehen auch jetzt noch viele Unternehmen, insbesondere Dienstleister, unter Druck, an Aufträge zu kommen. Das gleiche Spiel aus Corona-Zeiten fand eine neue Dimension.

5. WAHRNEHMUNG DEINES UNTERNEHMENS

Durchblick bei allem

Das kennst du sicherlich auch. Du arbeitest an einem Projekt und dann verlierst du es plötzlich aus den Augen. Andere Themen kommen dazwischen oder du hast einfach den Überblick verloren. Herzlich willkommen!

Es geht vielen so. Ab und zu auch mir. Die ersten Schritte in neuen Projekten laufen ganz gut, aber mit der Zeit kommt der Fortschritt ins Stocken, besonders bei längerfristigen Vorhaben. Oft schieben sich wichtigere Aufgaben dazwischen und du setzt dann neue Prioritäten. Es sollte deine Aufgabe sein, in allen Projektthemen Strategien festzulegen. Hierfür können dir Erinnerungshilfen große Unterstützung bieten. Eine ständige Beobachtung durch Projekt-Tools, welche dich täglich daran erinnern, einmal drüberzuschauen, sind dabei hilfreich.

Lege dazu eine »Reminder-Strategie« fest, setze z. B. im E-Mail-Programm einen täglichen Hinweis. Lege einen Tag in der Woche als Review-Tag fest. Du kannst dann schon die Arbeiten für die nächste Woche notieren, bist am Montagmorgen nicht im Stress und kannst direkt mit der Arbeit loslegen. Befreie deinen Kopf, damit du ein ruhiges und erholsames Wochenende erleben kannst.

Über den Tellerrand hinausschauen, den Überblick über alle Projekte und Aufgaben haben – dies sind wichtige Fähigkeiten für Unternehmer. Dein Geschäftsleben ist voll von Projekten und

Vorhaben, welche alle deine Aufmerksamkeit benötigen. Bei der Flut an Aufgaben gilt es, den Kurs zu halten auf dieser stürmischen See. Hier musst du entscheiden, was wirklich wichtig ist und was nicht. Wie wichtig diese Fähigkeiten sind, wird einem manchmal erst bewusst, wenn es mit den eigenen Augen nicht mehr so läuft, wie man es gerne hätte.

Es gibt Situationen, in denen du nicht mehr den Durchblick hast. Das meine ich nicht auf Projekte bezogen. Ich habe eine Situation erlebt, bei der ich an Grenzen gestoßen bin und erfahren habe, dass man auch gut funktionierende Augen für das tägliche Berufsleben benötigt.

Es geht um die altersbedingte Sehfähigkeit. Meine Augen hatten nie große Probleme mit der Weitsicht. Hier bewegte ich mich im altersbedingten Normalbereich. Die Nähe, sprich das Lesen wie auch die Arbeit am PC, bereitete mir ohne Brille ein wenig Stress. Es gab bei mir die unterschiedlichsten Brillenformen und auch Sehstärken. Mal einzelne Sehstärken, mal Gleitsicht, eigentlich alles, was das Herz so begehrt. Immerhin: Brillen können auch gut kleiden. Aber ich fand nie den richtigen Weg, mich mit all diesen Versionen anzufreunden. Ich empfand es einfach lästig, immer so ein Ding auf der Nase zu haben. Es beengte meine Nasenflügel, ich hatte das Gefühl, dass ich schlechter Luft bekam. Da Weitsicht bei mir nie ein so großes Problem war, hatte ich bei Spaziergängen auch nie oder sehr selten eine Brille auf. Große Taschen begleiteten mich häufig, um die unterschiedlichsten Schatullen mitzuschleppen. Schon alles sehr verrückt. Wenn ich dann Kleingedrucktes genauer lesen musste, fiel bei mir häufig der Satz: »Schatz, kannst du bitte mal schauen, was hier steht?« Die Antwort lautete meistens: »Wo hast du denn deine Brille?«

Einige Jahre habe ich es so praktiziert. Im vergangenen Jahr beschäftigte ich mich während einer längeren Reise mit dem Thema Augenlasern. Verschiedene Informationen wie auch Meinungen dazu, welche ich im Internet ermittelte, bestätigten mich in meiner Idee, dieses Thema in Angriff zu nehmen.

Der nächste Schritt in meiner Ermittlung bestand darin, festzustellen, wer der beste Arzt ist, welche Klinik hierzu empfohlen wird bzw. bei mir den besten Eindruck hinterlässt. So fand ich eine Augenklinik in Düsseldorf, welche einen sehr professionellen Eindruck machte. Zumindest auf der Website und auf verschiedenen Bewertungsplattformen. Also habe ich flugs einen Termin gebucht.

Unter dieser Prämisse fand dann in einer Erstuntersuchung alles statt, was man sich so vorstellen kann. So eine umfassende Untersuchung hatte ich noch nie erlebt. Ich war begeistert und hatte die richtige Wahl getroffen.

Im anschließenden Gespräch wurde mir dann sachlich und fachlich erklärt, dass Lasern in meinem Alter eigentlich Geldschneiderei sei. Da ich mit 64 Jahren schon auf dem besten Weg sei, einen Grauen Star zu bekommen, würde ich bestimmt alle zwei Jahre auf der Matte stehen. Nun ja, es leuchtete mir ein. Aber was war die Alternative? Meine Sehstärke widersprach der Prophezeiung eines Grauen Stars. Doch mein Wunsch konnte als kosmetischer Eingriff und in die Zukunft blickend mit neuen Linsen befriedigt werden.

Hui, das war natürlich eine heftige Alternative: Original-Linse wird entfernt und eine künstliche wird eingesetzt. Die Aufklärung zu diesem Thema gab mir einen intensiven Einblick in das Bevorstehende, sodass ich mich dafür entschieden hatte. Eine Zukunft ohne Brille und das auf Dauer hatte ihren Reiz. Verabschiedet wurde dann ein Modell der Sonderklasse. Mehrere Sehstärken und UV-Schutz sollten es sein.

Der erste Termin war dann kurz vor dem Weihnachtsfest geplant, jedoch konnte dieser nicht stattfinden, da ich – oh Graus, keiner sprach mehr davon – mir noch schnell Corona eingefangen hatte. Trotz fünffacher Impfung hatte es mich und meinen Partner richtig erwischt. Über eine Woche sehr hohes Fieber und keine Kondition. Die fehlende Leistungsfähigkeit machte sich auch Wochen später noch bemerkbar. Ich konnte keine langen Strecken gehen und das Treppensteigen vermittelte das Gefühl des Bergsteigens auf 3000 Meter Höhe.

Auch bei diesem Thema gab es wieder ein START-UP. Positiv denken, denn wie wäre es wohl ohne Impfungen gewesen? Auf jeden Fall musste mein mutiger Auftritt in Sachen Augen-Linsen verschoben werden. Der Eingriff sollte nach meiner Jahreswechsel-Reise nach Spanien stattfinden.

Ende Januar war es dann so weit. Der OP-Tag des ersten Auges rückte näher. Ich hatte ein recht mulmiges Gefühl, etwas entfernen zu lassen, was eigentlich noch verwendungsfähig ist. An dem Morgen auf der Fahrt nach Düsseldorf war ich ziemlich nervös. Im Nachhinein kann ich nur sagen, dass sich die tiefe Recherche und die Entscheidung für diese Klinik gelohnt hatte. Ich wurde zutiefst befriedigt. Keine Komplikationen, alles lief wie am Schnürchen. Beide Augen haben den Eingriff gut überstanden und ich bin »brillenfrei«. Welch eine Freude!

Was lernt man auch aus dieser Geschichte? Vorhaben und Wünsche immer ausgiebig recherchieren – das ist im Business wie im Leben so. Nicht umsonst habe ich mich immer sehr gern auch mit Marktforschung beschäftigt.

MEINE LEARNINGS FÜR DICH:

Nutze Projekt-Tools, um dich täglich daran zu erinnern, über bestimmte Aufgaben zu schauen. So kann z. B. ein wöchentlicher »Review-Tag« dafür sorgen, dass du nicht den Überblick verlierst.
Im Privaten wie im Business gilt die Devise: Informiere dich gründlich, bevor du wichtige Entscheidungen triffst!

Marktforschung und das Ding mit der Übersicht

Wenn man nur in die Zukunft blicken könnte! Das Verhalten von potenziellen Kunden oder Chancen für meine Business-Idee vorhersagen zu können – das wäre ein Traum.

Mit wissenschaftlichen Methoden kommt man diesem Szenario sehr nahe. Welche Marktforschungsmöglichkeiten es gibt und wie du selbst sehr viel vom Markt erfahren kannst, möchte ich nachfolgend näher beschreiben. Die Marktforschung insgesamt ist als Teildisziplin der empirischen Wirtschafts- und Sozialforschung zu sehen. Eine kontinuierliche Sammlung von Fakten und Daten über die für dich interessanten Märkte und die Marktbeeinflussungsmöglichkeiten in Sachen Info-Gewinnung gehört zum täglichen Aufgaben-Paket – wenn du es denn richtig machen möchtest. Bei sehr komplizierten und intensiv notwendigen Recherchen ist dies ein Fulltime-Job.

Die Marktforschung ist das Herzstück des Marketings. Mit guten Forschungsergebnissen kann ich auch für andere Arbeitsbereiche wichtige Details filtern, z. B. für Vertrieb, Einkauf, Personalbeschaffung wie auch Controlling.

Eigentlich war Marktforschung in den Anfängen meines Berufslebens kein Ding für mich. Doch vor Jahren hatte ich unverhofft meinen Job bei einem international tätigen Unternehmen erweitern dürfen und im Laufe der Zeit erkannt, dass Forschung wichtig ist. Zu Beginn meiner Karriere musste ich sehr häufig auf Wissen des gesamten Marktes für das Business, für welches ich zuständig war, zurückgreifen. Nicht immer waren alle Fakten bekannt, somit bediente ich mich den Marktforschungsinstituten und Agenturen.

Alle Unternehmen dieser Art sind in Sachen Budget immer intensiv zu betrachten. Das meine ich nicht negativ. Heute weiß ich, wie viel Arbeit hinter einer Marktforschung steckt. Jedoch verfügen viele Institute über Daten und Fakten, welche sich in deren täglicher Arbeit in der Schublade befinden, und sie machen in der Rechnungsstellung keinen Unterschied, ob der Kunde Kleinunternehmer oder Konzern ist. Über die Kosten solcher Aktionen möchte ich nicht sprechen, diese sind auch teilweise berechtigt. Ich möchte nur darauf hinweisen, dass du bitte immer mit Bedacht Aufträge vergibst.

Aufgrund meiner Erfahrung rate ich, ein eigenes System zu entwickeln. Wie erfährst du Aktuelles vom Markt, welcher dich interessiert und in den du z. B. expandieren möchtest?

Das Interesse, Neues zu erfahren, war bei mir immer schon vorhanden. Schnell hatte ich ein eigenes System entwickelt, um Daten zu ermitteln, welche gerade benötigt wurden.

Mit meiner Spürnase beschreite ich auch heute noch Wege, um an Infos heranzukommen.

Ein erster wichtiger Ansatz ist, es sich budgetmäßig erlauben zu können, einen Account bei Statista anzulegen. Es gibt unterschiedliche Kategorien der Buchungsmöglichkeiten. Als START-UP- und Einzelunternehmer bieten sich Optionen für kleines Geld. Es ist allerdings wichtig, vorher zu checken, welche Zugänge du mit der von dir präferierten Möglichkeit erhältst. Da solltest du dich vorher intensiv einlesen, damit du hinterher nicht erkennen musst, dass dir das nicht reicht. Welche Daten möchtest du in welchem Dateiformat herunterladen können, sind Statistiken und Reporte zugänglich? Es gibt viele Fragen und diese solltest du dir vorher stellen, um dann entsprechend nachzulesen, was dir geboten wird und was du brauchst.

Marktforschung kannst du mit einer Tiefenrecherche selbst im Internet betreiben. Es gibt viele Plattformen, auf denen du dich über gewünschte Details informieren kannst. Allerdings musst du aufpassen, dass diese Daten halbwegs aktuell sind.

Sehr häufig findest du Informationen, welche schon einen etwas älteren Status haben. Die Angaben von Verbänden kannst du sehr intensiv nutzen. Jede Branche hat ihren eigenen Verband und dieser ist natürlich willens, viele Details an die Öffentlichkeit zu bringen, auch verbunden mit Zahlen und Fakten. Solltest du trotz deiner intensiven Arbeit nicht genügend befriedigt werden, dann hilft natürlich zu guter Letzt auch immer noch ein fachspezifisches Marktforschungsinstitut. Hier habe ich die Erfahrung gemacht, dass Anbieter im Ausland ebenso Qualität liefern wie Unternehmen aus Deutschland, aber dafür sind sie doch häufig erheblich günstiger.

MEINE LEARNINGS FÜR DICH:

Gutes Marketing benötigt eine gründliche Marktforschung. Doch auch für Vertrieb, Einkauf, Personalbeschaffung und Controlling ist ein umfassender Überblick über den für dich relevanten Markt unerlässlich. Hierfür lohnt sich ein Statista-Account. Prüfe jedoch genau, welche Daten dir in welchem Paket zur Verfügung stehen. Auch ein Blick in die Daten von Branchenverbänden kann dir aufschlussreiche Informationen geben.
Ausländische Marktforschungsinstitute bieten ebenfalls gute Qualität zu kleinem Preis.

Wie mache ich mein Unternehmen umfangreich bekannt?

Auch wenn es viele nicht gern hören oder lesen, aber Messeaktivitäten sind unersetzlich.

Es gibt viele Messen, auf denen sich Gründer präsentieren können. Hier ist die Frage: Lohnt sich das? Das kommt darauf an. Meiner Meinung nach kannst du auf Exhibitions für START-UPs verzichten. Warum erkläre ich nach meiner Empfehlung.

Auf jeden Fall präferiere ich, dort hinzugehen, wo sich deine Produktbranche präsentiert. Hier hast du die Chance, sehr viele Kontakte zu generieren. Das Präsentieren auf einer Fachmesse hat einen ungeahnten Nutzen. Du stellst dich mit deinem Unternehmen und deinem Service dar, egal welcher Art. Ein kleiner Messestand, welcher kostenoptimiert auf ein monetäres »MUST HAVE« reduziert ist, hat viele Vorteile.

Zum einen kannst du dir gleich ansehen, was dein Wettbewerb macht, und zeitgleich Informationen über deren Produkte bzw. Dienstleistungen einholen. Zum anderen kannst du vielen Besuchern erklären, was du z. B. als Dienstleisterin anders und vielleicht besser machst bzw. dass deine Produkte auf jeden Fall klasse sind und zum Kauf anregen.

Du lernst auch, zu verstehen, wie du dich mit deinem Unternehmen verbessern kannst. Vielleicht nennt man dies auch ein wenig Abgucken. Aber hier ist es am einfachsten, von Profis zu lernen. Warum lehne ich Messen für START-UPs ab? Ganz einfach. Wer kommt zu einem Anfänger? Gute Frage. Da, wo sich nur START-UPs darstellen, wird es schwierig sein, sich vom Rest der Aussteller abzuheben. Alle wollen nur das Eine: verkaufen! Was erfahre ich bei Anfängern? Eigentlich nicht viel!

Alle sind unter der gleichen Prämisse gestartet: sich in der von dir angestrebten Branche bekannt zu machen. Auf START-UP-Messen finden sich viele Berater wieder, welche ebenfalls etwas verkaufen wollen, nämlich Wissen. Somit legst du im Prinzip weiteres Geld aus und hast keinen neuen Kundenkontakt, was auf einer Messe eigentlich dein Ziel ist. Was du als Gründer suchst, sind potenzielle Kunden in deiner angestrebten Branche und diese findest du nicht auf solch einer Messe. Ich kann hierzu nur sagen: Be careful.

Daher die Empfehlung: Gehe auf eine Fachmesse! Allerdings musst du dazu erst einmal in deinen Geldbeutel schauen. Das notwendige Budget sollte im Rahmen deines Geschäftsplans bereits kalkuliert sein, dies ist sehr wichtig. Bei Teilnahmen auf Messen passiert es recht schnell, dass du über das geplante Budget hinaus Geld auslegst. Die Größe eines Messestands ist abhängig von deinem Business. Wenn du Produkte anbietest, benötigst du zwangsläufig mehr Platz. Als Dienstleister kannst du hier kostengünstiger optimieren.

Die Vorteile eines Messestandes sind vielfältig. Hier sprichst du die ideale Zielgruppe an. Zielgruppen, welche freiwillig als Messebesucher teilnehmen und ihre volle Aufmerksamkeit auf dein Produkt oder deine Dienstleistung legen. Eine ausgiebige Beratung erfolgt direkt am Stand. Es gibt keine aufwendigen Geschäftsreisen, du kompensierst hiermit auf das Optimale. Eine direkte Neukundenbindung kannst du durch Eintragung in dein Kundensystem in Verbindung z. B. mit deinen Posts oder Newsletter dauerhaft ansprechen. Auch Preisaktionen speziell zur Messe verführen direkt, hier zu kaufen.

Ein Messeauftritt ist zwar immer relativ teuer, doch wenn der Kommunikationsmix richtig angesetzt wird, schafft dieser Unternehmensauftritt viele Kontakte und der Unternehmensgewinn wird deutlich wachsen.

Was macht ein Messebauer? Der Messebauer führt nicht nur die handwerklichen Tätigkeiten aus, die notwendig sind, um einen Messestand aufzubauen. Er übernimmt fast immer auch die Messestandplanung, Gestaltung der Elemente und kümmert sich um Auf- und Abbau. Ich kann nur empfehlen – und dies sage ich mit der Bitte, dies auch zu tun –, wenn Messeauftritt, dann bitte nur professionell und nicht auf den Tapeziertisch-stand zurückgreifen.

Was meine ich damit? Viele Gründer versuchen in den An-fängen, sich schnell eigenes Equipment zusammenzusuchen, und gestalten sich mit kleinem Tisch und Rollbanner einen, wie ich sage, Vogelkojen-Stand. Es wirkt meines Erachtens lächer-lich und zeugt auch nicht von besonderer Professionalität. Su-che dann lieber selbst als Besucher eine Messe auf und mache dich auf diesem Weg schlau.

MEINE LEARNINGS FÜR DICH:

Besuche unbedingt Fachmessen der Branchen, welche du bedienen möchtest. Hier kannst du von Profis ler-nen, wichtige Kontakte knüpfen und dich und dein Un-ternehmen deiner Zielgruppe vorstellen. Doch meide die Exhibitions, die sich explizit an START-UPs richten.

SEM/SEA/SEO – kein Gebet, auch kein Gebot

Wenn du nun als START-UP-Unternehmer mit deinem Business anfängst, erfährst du von vielen »wichtigen« Leuten, was du dringend unternehmen musst, um dein Unternehmen richtig zu platzieren. Ich habe da so meine eigenen Erfahrungen gemacht und stelle auch heute noch immer wieder fest, dass es sehr viele Wichtigtuer gibt, die einem alles Mögliche verkaufen wollen.

SEM, SEA, SEO sind wichtige Tools, aber auch hier solltest du dich, wie in so vielen Bereichen, bitte immer vorher ein wenig schlaumachen, bevor du einen Gaul besteigst, den du später nicht mehr unter Kontrolle hast.

Online-Marketing ist in der aktuellen Zeit sehr wichtig und wird sich auch nicht mehr wegdenken lassen. Der schnelle Weg, Produkte und Dienstleistungen zu platzieren, geht heute am einfachsten online. Das klassische Marketing hat klar auf diesem Weg verloren. Die Kürzel sind auf dem ersten Blick fast identisch, haben aber einen unterschiedlichen Inhalt mit unterschiedlicher Wirkung. Was du wie und wann nutzen sollst, erkläre ich dir nachfolgend:

- ▶ SEM – Search Engine Marketing (Suchmaschinenmarketing)
- ▶ SEA – Search Engine Advertising (Suchmaschinenwerbung)
- ▶ SEO – Search Engine Optimization (Suchmaschinenoptimierung)

SEA und SEO sind Teilbereiche von SEM.

Bei **SEO** sprechen wir von der Optimierung und der Sichtbarkeit deiner Website. SEO entscheidet, wie du deinen Internetauftritt optimal gestaltest und wie du eine hohe Wahrnehmung erreichst. Möglichst ohne Bezahlung eine gute Platzierung zu erreichen, bedeutet, guten Content und die richtigen Keywords zu nutzen. Auch technische Aspekte wie Metatitel (kurze, knackige Webseiten-Inhaltsbeschreibung) und schnelle Ladezeiten sind wichtig. Der Fokus liegt darauf, in den Suchergebnissen möglichst weit oben aufzutauchen.

Die Vorteile von SEO:

langfristige und nachhaltige Sichtbarkeit mit sehr guten Keywords erreichen

- keine Kosten
- Aufbau von Professionalität durch guten Content, je häufiger du zu finden bist, desto eher wirst du als Experte erkannt

Die Nachteile von SEO:

Du benötigst etwas mehr Zeit, bis sich die ersten Ergebnisse zeigen. Eine lange Vorarbeit ist nötig, viele Aspekte müssen gut durchdacht sein.

- Abhängigkeiten von Algorithmus-Updates der Suchmaschinenanbieter. Häufig werden Ranking-Positionen verschoben.
- Zielgruppen-Targeting, ist teilweise nachteilig, es werden auch Zielgruppen angesprochen, welche du nicht erreichen möchtest, was sich leider nicht immer vermeiden lässt.

Trotz alledem ist das Targeting eine unentbehrliche Methode für START-UPs, die sich im wettbewerbsintensiven Schilderwald der Online-Welt platzieren möchten.

Durch den Fokus auf deine Zielgruppe kannst du sicherstellen, dass deine Botschaft den richtigen Personenkreis erreicht und sich deine Vermarktungschance signifikant erhöht. Du konzentrierst dich auf das Kundensegment, welches deine Produkte oder Dienstleistungen benötigt. Im Prinzip ist hier der erste Schritt, dass du deine Kundenklientel festlegst und anschließend alle Aktivitäten darauf aufbaust. Ebenso legst du fest, was diese Zielgruppe benötigt, und leitest dann entsprechende Kampagnen ein. Mit dieser Vorgehensweise verhinderst du, dass du Zeit und Geld verschwendest, denn nur so sprichst du interessierte Menschen an.

Es gibt Suchmaschinen unterschiedlichster Art. Die geläufigste und bekannteste ist Google. **SEA** ist im Prinzip die Information, welche ich per Suche in Form einer Anzeige erhalte. Das heißt, wenn du eine Anzeige schaltest, ist die vorrangige Präferenz in der Suchmaschine immer die geschaltete Anzeige. Sucht jemand nach deinem Angebot, sieht er also erstmal deine Anzeige. Ist logisch, schließlich zahlst du auch dafür.

Die Vorteile von SEA:

- kurzfristige, schnelle Ergebnisse
- Reichweite (in den Anfängen hat deine Website auf dem organischen Weg noch nicht so viel Resonanz)
- detailliertes Targeting (z. B. nach Branche, Region etc.)

Die Nachteile von SEA:

Sobald deinerseits keine Zahlung mehr erfolgt, ist die Reichweite sofort beendet.

- Eine Anzeigenschaltung ist klar als Werbung gekennzeichnet.
- Werbung wird oft ignoriert oder gar nicht erst angezeigt, wenn der User ADBlocker nutzt.
- je nach Wettbewerbsdichte sehr teuer
- Wettbewerber können wiederholt auf deine Anzeige klicken und damit erreichen, dass das Budget frühzeitig aufgebraucht ist.

Was ist wichtig für dich? SEO oder SEA?

Deine Entscheidung fällt mit dem Betrachten der Vor- und Nachteile. Aus Kostengründen sollte das Augenmerk langfristig auf SEO liegen. Bei SEO erreichst du eine kontinuierliche Langfristigkeit in der Reichweite. Ein gutes Konzept belohnt mit Nachhaltigkeit.

Wenn du dir in Sachen Content vor Erstellung deiner Website gute Gedanken gemacht hast, kannst du dir sicher sein, dass deine Zielgruppe dich auch direkt findet. Daher meine Empfehlung: Sorge immer für perfekte Webseitentexte, passende Bilder und auch Videos. Das bedeutet Zeitaufwand, welcher sich aber unterm Strich lohnt. Der Content sollte so gestaltet sein, dass er eine gute Platzierung im Ranking erreicht.

Hast du deiner Website in letzter Zeit wenig Aufmerksamkeit gegeben – was passieren kann, schließlich bist du eine START-UP-Unternehmerin und hast viele Dinge im Auge zu behalten –, dann solltest du dir Folgendes merken: Umgehend pushen kannst du immer mit SEA. Mit dieser Aktion erreichst du auf die Schnelle eine hohe Aufmerksamkeit, dein Traffic erhöht sich und du kannst besondere Aktionen und aktuelle Themen zeitnah positionieren.

Die Optimierung deiner Seite (SEO) kannst du dir vornehmen, wenn es die Zeit zulässt; zudem ist über den organischen Weg keine schnelle Resonanz möglich. Dies ist bei besonderen Aktionen wichtig, bei organischer Modifikation ist ein Erfolg meistens erst zu erwarten, wenn u. U. dein Thema schon nicht mehr akut ist.

Die Frage, welches Vorgehen für dich wichtiger ist, lässt sich nicht so einfach beantworten. Klar ist, wenn du dein Budget schonen möchtest, dann ist SEO die richtige Einsteigermethode. Diese Vorgehensweise ist auf lange Sicht nachhaltiger und das Budget wird geschont. Liegt dein Fokus auf schnellem Business und exklusivem Ranking, solltest du vorrangig SEA berücksichtigen. Das ist nützlich, wenn schnelle Ergebnisse erforderlich sind oder ein besonderes Angebot schnell gepusht werden muss.

Die optimale Ausrichtung ist, wenn du in der Lage bist, beide Bereiche zu nutzen und zu bedienen, es gibt unterschiedliche Vorteile und Bedeutungen.

6. WENN ES DANN DOCH NICHT FUNKTIONIERT, DEINE SELBSTSTÄNDIGKEIT

Seifenblase platzen lassen?
Nein, realistisch bleiben.

Wie oft hast du dich gefragt, ob deine Geschäftsidee, welche du nun intensiv versuchst zu platzieren, wirklich die richtige ist? Am Anfang stand der Wunsch, etwas Tolles zu bewegen, entstanden an der Bar bei einem Drink oder während deiner Arbeit bei deinem damaligen Arbeitgeber, weil es dich einfach nicht mehr befriedigte, angestellt zu sein.

Der Anfang von allem ist die Geschäftsidee! Die Vision, etwas Phantastisches zu bewegen, brachte dich dazu, ein Unternehmensgründer zu werden. Hierzu muss ich sagen, ein entstandener Plan an der Bar ist allerdings noch nicht die Bestätigung für etwas Großes. Idee und Plan sind der Anfang, aber noch nicht ausreichend, um ein gutes Business zu starten. Wenn es dann nicht so läuft, wie du dir das vorgestellt hast, musst du aktiv werden!

Ein IFA (Independent Financial Advisor; unabhängiger Finanzberater) kann deine Finanzen nicht aufbauen. Du musst aufhören, Geld auszugeben und anfangen, zu sparen.

Ein Sportlehrer kann dich im Fitnessstudio nicht schlank machen. Du musst ins Fitnessstudio gehen, trainieren und weniger Kalorien zu dir nehmen.

Ein Fahrlehrer kann dich nicht zu einem guten Fahrer machen. Du musst die Regeln befolgen und vernünftig fahren.

Ein Business-Mentor kann dein Unternehmen nicht wachsen lassen. Du musst die vereinbarten Strategien umsetzen.

All diese Menschen können helfen, einen Plan zu entwickeln, aber sie können dich nicht dazu zwingen, aktiv zu werden. Du musst dich selbst anstrengen!

Es gibt kein Patentrezept.
Es gibt keine Zauberformel.
Es gibt keine Abkürzung.

Entschuldige bitte, dass ich deine Seifenblase gerade platzen lasse, aber nur du hast die Kontrolle über deine Ergebnisse. Höre auf, dich selbst zu bemitleiden, schiebe deine Schuld nicht auf die Rezession, den Covid, den Brexit und weitere Krisen. Tue etwas und übernimm die Verantwortung für deine Ergebnisse.

Der Ball liegt in deinem Feld.

Viele Themen sind zu berücksichtigen, um ein solides START-UP-Unternehmen zu gründen. Ist dann doch einmal das Kind in den Brunnen gefallen, kannst du auch hierin wieder ein START-UP sehen. Eine gescheiterte Selbstständigkeit ist ein »Gratis-Lern-Bonus«.

Niemand lernt mehr als eine gescheiterte Unternehmerin. Auch ich habe mich schon in Situationen befunden, in denen ich dachte: »Hoffentlich geht es gut mit den Finanzen.« Es läuft eben nicht immer perfekt und Rückschläge sind keine Seltenheit bei Gründern.

Vorweg schon einmal zur Beruhigung: Eine nicht gut laufende Geschäftsidee muss nicht heißen, dass du gleich pleite bist und eine volle Bauchlandung erfährst. Egal, was und wo du es liest, meistens wird über die ultimativ Erfolgreichen berichtet, die alles erreicht haben und von 0 auf 100 ein supertolles Unternehmen geschaffen haben.

Bleiben wir einmal auf dem Boden der Tatsachen. Es mag Einzelfälle geben, wo das absolute Nonplusultra erreicht wurde, der Normalfall sieht jedoch anders aus. Mit viel »Schweiß zum Preis« ist vorwiegend das Motto. Es gab und gibt auch heute noch große Unternehmer aus der Historie, welche in ihrem ersten Geschäftsleben große Probleme hatten, z.B. Walt Disney oder auch Bill Gates. Dies zeigt, dass es immer weitergeht, auch bei dir.

Viele Statistiken zeigen, dass nach vier bis fünf Jahren von zehn Unternehmen nur noch eines existiert. Ich halte diese Angaben nicht gerade für förderlich und mutmachend und sie sollten auch kein Beispiel für dich sein.

Aus Fehlern wird man klug. Deine eigene Beleuchtung zu einem nicht deinen Wünschen entsprechend laufenden Business hilft dir, die Richtung zu ändern oder ein wenig zu begradigen. Oft sind es Feinheiten, welche dein Geschäftsleben wieder zum Laufen bringen. Du solltest deine Finanzen konsequent beobachten, denn hier liegt häufig auch ein Trugschluss. Investieren ist immer wichtig, bitte aber nie zehn Töpfchen öffnen, das bringt dich nur ins Schlingern. Fokussiere dich auf zwingende Notwendigkeiten.

Vergleiche, wie es anderen START-UP-Unternehmerinnen geht. Wo haben sie ihre Probleme? Wie und wo kann ich bei Gleichgesinnten Erfahrungsaustausch praktizieren?

Häufige Fehler bei der Gründung sind nicht nur bei deiner Geschäftsidee zu finden. Oft liegt es daran, dass dein gewachsenes Unternehmen mit deinem Team nicht auf die richtige Bahn zu bringen ist. In Sachen Personalsuche ist besondere Sorgfalt wichtig. In den Kapiteln »Wie mache ich mein Unternehmen umfangreich bekannt?« und »SEM/SEA/SEO – kein Gebet, auch kein Gebot« habe ich beschrieben, woran du denken musst und wie du Mitarbeiter findest.

Es kann auch daran liegen, dass der Markt mit deinem angebotenen Produkt oder der Dienstleistung schon übermäßig gesättigt ist. Oder genau der umgekehrte Fall: Der vorhandene Markt ist einfach noch zu klein, um daraus ein gutes Business zu machen.

Wie schon gesagt: Häufig ist es auch das liebe Geld. Entweder ist deine Finanzdecke zu schwach oder der evtl. vorhandene Investor zieht sich in Sachen Unterstützung zurück. Oder dein Bankkredit kann nicht aufgestockt werden. So traurig es auch immer wieder ist, Geld ist leider der wichtigste Faktor im Geschehen. Behalte daher bei all deiner Euphorie immer auch das Finanzielle im Blick.

Wichtig ist, dass du mit der Niederlage umgehen kannst. Auf jeden Fall solltest du aus deinen Fehlern lernen. Wie erkennst du deine Fehler?

Hier die wichtigen Punkte:

▶ Finanzen:
Liquidität und ordentliche Buchhaltung sind zwingend.

▶ Business-Modell:
Genau definieren. Ist alles ausgereift? Wo können Schwierigkeiten auftauchen? Zum Beispiel: Kunden wünschen deinen Service nicht.

▶ Markt:
Nimm dir Zeit und prüfe das Marktpotenzial genau.

▶ Alleinstellungsmerkmal:
Bietest du ein einzigartiges Produkt oder eine ausgefallene Dienstleistung an? Wie viele Wettbewerber gibt es?

▶ START-UP alleine oder im Team gründen:
Wenn du im Team gründest: Folgen alle demselben Ziel?

Probleme und unterschiedliche Meinungen führen oft zu Fehlentscheidungen.

Falls du allein gründest: Bringst du alle notwendigen Skills mit oder benötigst du früh entsprechende externe Unterstützung?

Ist dein Business irgendwann doch gescheitert, so ist dies kein Makel. Es ist eine Chance, es ab sofort besser zu machen. Es ist Freunden, der Familie und Kunden gegenüber selbstverständlich frustrierend und auch peinlich. Viele begehen aus meiner Sicht den Fehler, dann wieder ins Angestelltenverhältnis zu wechseln.

Bevor du so eine Entscheidung triffst, solltest du dich mit anderen Gründerinnen unterhalten und dort hinterfragen, wie sie es denn anders gemacht haben. Bitte checke auch mögliche Fördermittel. Diese helfen in so einem Fall, aus der monetären Fehlsituation herauszukommen. Einige davon sind u. a. staatliche Förderung, Förderbanken, Gründerseminare, welche dich inhaltlich stark unterstützen können. Die BAFA-Förderung durch den Bund und auch Berufsverbände bieten mittlerweile großartige Unterstützung.

Du beweist gerade durch das Weitermachen, dass du ein Profi bist und hinter deiner Geschäftsidee stehst. Wenn deine Geschäftsidee aus deiner Sicht eine gute ist, dann wirst du analysieren, wo die Fehler versteckt sind, und kannst deinen Businessplan anpassen und erneut starten. So eine Vorgehensweise ist ein Schritt im Lernprozess und dein START-UP wird mit diesem neuen Schwung im zweiten Anlauf eindeutig besser platziert sein.

Was passiert, wenn deine Selbstständigkeit völlig geplatzt ist? Wirst du dich dann im Auffangbecken Arbeitslosengeld befinden? Ein klares Nein! Gemäß dem GSVG gibt es keine Arbeitslosenversicherung für Unternehmer.

Zwei Möglichkeiten sind im Auge zu behalten. Wenn du vor deiner Selbstständigkeit im Arbeitnehmerverhältnis warst und entsprechend in den Arbeitslosengeld-Topf eingezahlt hast, solltest du dich erkundigen, ob da eine Chance besteht. Oder du hast eine freiwillige Arbeitslosenversicherung abgeschlossen.

Wenn du nach dem Scheitern oder auf dem Weg des Scheiterns ein Einkommen hast, womit du deinen Lebensunterhalt nicht bestreiten kannst, dann giltst du als hilfebedürftig und kannst Harz IV bzw. Arbeitslosengeld II beantragen. Diese Unterstützung ist auch für Selbstständige möglich, welche mit ihrer Geschäftsidee gescheitert sind. Dabei wird dein Netto-Gewinn und dein gesamtes Vermögen berücksichtigt. Zu diesem Thema findest du detailliertere Informationen auf der Website der Bundesagentur für Arbeit.

Die Realität ist halt manchmal brutal, aber auch ein wichtiger Teil, um Erfahrungsschätze zu sammeln. Mit Ausgeglichenheit, für welche du immer sorgen musst, kannst du viele negative Situationen steuern und beeinflussen. Im nächsten Kapitel zeige ich dir auf, wie ich derartige Situationen immer wieder überstanden habe.

Plan B ist manchmal besser

Was mache ich, wenn ich mein START-UP-Business wirklich in den Sand gesetzt habe?
Grundsätzlich gilt es, bei der Entwicklung deines Businessplans zu überlegen, was passiert, wenn du Schiffbruch erleidest.

Gut, das ist natürlich in der Entwicklungsphase nicht gerade dein erster Gedanke. Dennoch musst du dir im Klaren darüber sein, was wirklich zu tun ist, falls es dann passiert, dein »Pleitegang«.

Überlege also, wie Plan B aussehen kann. Hierfür hältst du fest, was getan werden muss, wenn Plan A nicht mehr greift. Plan B gibt dir immer die Sicherheit, zielführend zu handeln.

Der Moment, in dem du erkennst, dass es nicht wie geplant läuft, darf dich nicht so sehr überwältigen, dass du hektisch und chaotisch reagierst. Plan B ist der Plan für nicht Absehbares. Krisen können dich beherrschen, aber es geht auch anders: Du beherrschst die Krisen. Spiele durch, was dein bisher gut laufendes Business gefährden kann.

Verschiedene Themen solltest du berücksichtigen:

▶ Dein bester Kunde geht in Konkurs, ausstehende Rechnungen können nicht bezahlt werden.
▶ Einer deiner Kunden geht zum Wettbewerb.
▶ Produkte werden reklamiert, z. B. wegen schlechter Qualität.
▶ Deine Dienstleistung erfüllt nicht den Wunsch deines Kunden. IT-Probleme treten auf, Daten werden gehakt, sind nicht gesichert und gehen verloren.
▶ Mitarbeiter gehen zum Wettbewerb.
▶ Wissen geht durch abgewanderte Mitarbeiter verloren.
▶ Konflikte beherrschen das Team.
▶ Die Krankmeldungen häufen sich.

Egal, was in deinem START-UP passiert, du musst Vertrauen bei deinen Mitarbeitern aufbauen. Vermittle immer Zuversicht, Details zu einem nicht gut laufenden Business gehören nicht ins Wissensfeld deiner Mitarbeiter. Eine Abwanderung wäre die Folge und du hast dann noch zusätzlich das Problem, alle anstehenden Aufgaben alleine lösen zu müssen. Bleibe mit konkreten Lösungsansätzen für alle möglichen Szenarien handlungsfähig. Viele Begebenheiten lassen sich im Vorfeld gedanklich durchspielen.

Bleiben wir bei unserem Lieblingsthema: den Finanzen. Probleme wie z. B. Kundenabwanderung sind nicht unrealistisch. Hier musst du versuchen, Kunden zurückzugewinnen und das verlorene Vertrauen wieder aufzubauen. Diese Aufgabe erfordert natürlich mehr Zeitaufwand, welcher im Tagesgeschäft eines frischen Unternehmens nicht leicht aufzubringen ist. Die Personaldichte ist nicht vorhanden, um entsprechend Mitarbeiter von der täglichen Arbeit abzuziehen. Du brauchst in so einer Situation mehr Budget, um einen weiterhin reibungslosen Ablauf zu gewährleisten.

Beleuchte im Vorfeld, welchen Gefahren und Unsicherheiten dein Unternehmen ausgesetzt ist. Betrachte deine Kalkulationen intensiver, bedenke, dass z. B. Zulieferer Preiserhöhungen planen können. Falls du einen Firmenkredit in Anspruch genommen hast, berücksichtige bitte die laufenden Zahlungen sowie die Verzinsung. Gibt es in der Vertragslaufzeit Zinsanpassungen oder bist du auf halber Strecke auf eine Erweiterung der zur Verfügung gestellten Summe angewiesen?

MEIN LEARNING FÜR DICH:

Kreiere dir einen detaillierten Plan B, damit du im Fall der Fälle nicht planlos dastehst. Schaffe Vertrauen bei deinen Mitarbeitern und vermittle stets Zuversicht, damit sie dir auch in schweren Zeiten unterstützend zur Seite stehen.

7. DEIN LEBEN ALS UNTERNEHMERIN

Lebensaufgabe und Gesichter lesen

Es gibt nichts Spannenderes als ein Gesicht und unsere eigene Lebensaufgabe.

In unserem Unterbewusstsein ist unsere Lebensaufgabe beheimatet. Sie hat viel mit der Persönlichkeit zu tun. Bist du dir dieser bewusst, bist du nicht automatisch im Himmel. Dein Charakter entscheidet, was du mit deinen Erkenntnissen anstellst. Welche Rolle spielen Talente? Talente werden dir bei der Geburt als Schlüssel für deine Lebensaufgabe mitgegeben. Sie sind Werkzeuge, welche gefunden und genutzt werden wollen. Nutzt du keine dieser Gaben, kannst du zwar erfolgreich sein, aber irgendetwas wird dir immer fehlen. Arbeitest du mit ihnen, lebst du sie im Beruf oder in Hobbys aus, bist du glücklich.

Wie stellst du fest, wann du deine Lebensaufgabe lebst? Wann du dich lebendig und inspiriert fühlst? Wenn du glücklich bist, fragst du nicht, ob du eine Lebensaufgabe hast. Du bist dann schon mittendrin. Fühlst du dich jedoch getrieben, hast du das Gefühl, dass es noch etwas anderes geben müsste, dann ist es sinnvoll, dich mit deiner Lebensaufgabe zu beschäftigen. Was ist deine Lebensaufgabe?

Ich kann Gesichter lesen wie ein Buch. Ich lese Stellen, die manchmal nicht so leicht zu entschlüsseln sind. Vieles ist zwischen den Zeilen verborgen. Das macht es so spannend.

In meinen vergangenen Berufsjahren habe ich international viele Menschen kennengelernt. In jeder Nation verbirgt sich

126

ein anderes Potenzial. Ebenso ist in der Mimik erkennbar, woher der vor mir stehende Mensch stammt. Es gibt Nationen, in denen Menschen gelernt haben, geschickt ihr tatsächliches Gefühlsleben hinter einer Gesichtsmimik zu verbergen. Nicht ein Wimpernschlag zeigt, wie dieser Mensch tickt. Meint man. Aber auch hier ist in der Studie von Menschen erkennbar, ob es sich um das tatsächlich aktuell vorhandene Gefühl handelt oder ob schauspielerische Fähigkeit dahintersteckt.

In der Verhaltensforschung werden kontinuierlich die unterschiedlichen Regungen eines Menschen in bestimmten Situationen untersucht. Es werden keine digitalen Algorithmen entschlüsselt, Verhaltensforscher spüren nach den Handlungsregeln der Menschheit, die naturgegebenen, aber auch die kulturell geprägten.

Selbst in Deutschland haben wir Menschenkategorien, welche sich stark unterscheiden. Das klingt zwar komisch, trifft aber den Nagel auf den Kopf. Es gibt den überschwänglichen, ewig lustigen Rheinländer, welcher von vielen für zu oberflächlich gehalten wird, ein wenig vergleichbar mit einem klassischen Amerikaner. Es gibt die bayrische Landseele und es gibt den nordischen Fischkopp, wie man so schön sagt. Weitestgehend alles sehr oberflächlich beschrieben, jedoch in die Tiefe schauend und hier ins Gesicht blickend erkenne ich die jeweiligen Charakterzüge.

In einer Welt, in der du alles sein kannst, sei der, der du wirklich bist. Es gibt kein Höher, Schneller, Weiter. Tue Dinge, die dir Freude bereiten. Und tue sie für dich! Ich habe nach meiner jahrzehntelangen Marketingtätigkeit in Verbindung mit vielen Reisen erkannt, dass ich mein Fachwissen sehr gern an junge Talente weitergebe.

Aber insbesondere habe ich festgestellt, dass ich sehr gern als Schriftstellerin tätig sein möchte. Ich habe es verwirklicht, das Ergebnis hast du vor dir liegen.

Musik macht gute Laune

Was macht Musik mit dir?
Warum gehört dieses Kapitel in dieses Buch?

Ganz einfach! Es zeigt, dass Musik dabei hilft, auf andere Gedanken zu kommen, und sie verbreitet zudem gute Laune. Wie schon am Anfang dieses Buches beschrieben, hat mich das Lied von Hildegard Knef »Für mich soll's rote Rosen regnen« bis heute begleitet. Inhaltlich gab es mir immer innerlichen Aufschwung, wenn es mal nicht so klappte. Nach dem Motto: »Ich will alles oder nichts!«

Wenn es mal besonders mies war und ich das Gefühl hatte, alle Welt habe sich gegen mich verschworen, dann passte es einfach, mal eine Pause zu machen und Hildegard Knef zu hören.

Hinterfrage dich selbst einmal, welches Lied dir gute Laune gibt und warum dies so ist. Liegt es am Musikstil oder ist es der Text oder sogar beides? Prüfe einmal selbst, was dich dabei bewegt und ob es dir in schlechten Situationen hilft, diesen Musiktitel zu hören. Musik beschwingt und leistet auch im psychologischen Sinne gute Arbeit. Sie belebt und macht frei. Grundsätzlich ist Musik ein Treiber für gute Laune.

Stimmungsschwankungen darfst du dir als Chef nicht erlauben! Es zeigt eine gewisse Schwäche und ist nicht förderlich im Berufsleben. Es gibt viele Gründe für schlechte Stimmung, insbesondere wenn es in deinem Business nicht gut läuft. Speziell in der Corona-Zeit war der Stressfaktor bei vielen Menschen relativ hoch, was zeigt, dass unser Körper ein Ventil sucht, um gesund zu bleiben.

Gewöhne dir an, in schlechten Situationen gute Stimmung in dir hervorzubringen. Musik ist eine Möglichkeit, in Verbindung mit Tanzen ertüchtigt dies auch deinen gesamten Organismus.

In den frühen 60ern hatten meine Eltern ein besonderes Hobby: Rock'n'Roll-Tanzen und das am liebsten zur Musik von Elvis Presley. Wir Kinder, mein Bruder und ich, fanden das immer spannend und auch außergewöhnlich. Wir hörten diese Musik regelmäßig und sahen auch unsere Eltern tanzen, zuhause sowie auch im damaligen Rock'n'Roll-Club unserer Heimatstadt.

Die Musik wurde über Schellack-Musikplatten abgespielt, eine Vorgängerversion der heute geläufigen Vinylschallplatte. Es gab viele Rock'n'Roll-Platten, nicht nur Elvis fanden wir im Regal. Weitere, heute nicht so bekannte Musiker, zumindest bei den jüngeren Generationen, wie Jerry Lee Lewis, Little Richard, Eddie Cochran, Buddy Holly, um hier nur einige zu nennen. Eine Schallplattensammlung, welche heute ihresgleichen sucht. In den 60ern galten Menschen, die eine solche Musik bevorzugten, als sehr speziell. Gerade in der Nachkriegszeit konnte man nicht verstehen, dass Deutsche eine solche Musik mögen. Nun ja, dies ist ein anderes Thema und sicherlich auch heute eine Diskussion wert.

Recht früh bekamen wir ein Gefühl für Rhythmus und das dadurch entstehende Wohlgefühl. Meine Eltern waren zur damaligen Zeit in einem Alter, in dem man Verpasstes nachholen wollte und empfanden es als eine Wohltat, die angesammelte Frustration durch den Krieg, welchen sie als Kinder und Jugendliche erlebt hatten, mit toller Musik und Tanz zu vertreiben. Es war ihnen gelungen. Ihr tiefster Wunsch, einmal im Leben in die USA zu fliegen und die dortige Rock'n'Roll-Musikwelt leibhaftig zu erleben, wurde jedoch nie erfüllt. Ich habe in Vertretung meiner Eltern dieses Jahr Graceland, das Zuhause von Elvis Presley besucht und im Namen meiner Eltern einen Gruß bestellt. Es war sehr ergreifend und hat mich auch bei der Besichtigung kurzweilig in meine Kindheit zurückversetzt. Klingt ein wenig kitschig, aber es war so. Freunde und Bekannte staunten nicht schlecht, als sie erfuhren, dass ich mit meinem Ingo tatsächlich vor Ort war. Zumal wir vorrangig auf Bands wie Rolling Stones, U2, Pink Floyd, ACDC und auch Bruce Springsteen stehen.

Eigentlich mögen wir jegliche Musik, welche in unseren Ohren gut ist, dazu gehört auch die klassische Musik. Konzerte aller Art rund um den Erdball sind für uns ein toller Ausgleich im täglichen Leben und bereiten gute Laune. Ob nun in der Metropolitan Opera in New York Anna Netrebko oder Placido Domingo hören und sehen, oder auch The Eagles in Boston – wir haben, wenn es um gute Musik geht, alles im Gepäck.

MEINE LEARNINGS FÜR DICH:

Eigne dir ein musikalisches Ritual an. Es gibt dir die notwendige Ausgeglichenheit, welche du benötigst, um dein Vorhaben als START-UP-Unternehmer gut bestreiten zu können.

Was macht das Leben schön?

Das Leben ist schön, wenn ich in persönlicher Freiheit das tun kann, was mir gefällt!

Es hat viele Vorteile, das Leben als Unternehmer zu genießen. Es gibt neben den stressreichen Zeiten auch die Zeiten, welche es mir ermöglichen, in Freiheit auch Freizeit zu genießen. Ich kann mir aussuchen, in Sommerzeiten vormittags schon ins Schwimmbad zu gehen und nachmittags, wenn der Rest der Menschheit den gleichen Gedanken hat, wieder einen anderen ruhigen Platz aufzusuchen. Oder einfach wieder ins Büro gehen und arbeiten. Wenn wir uns das richtige Business ausgesucht haben, dann mögen wir auch unsere Arbeit zu ungewöhnlichen Tageszeiten. Kurzum: Es ist schön, die Chance zu haben, die Arbeit liegen zu lassen, wenn es einem gefällt. Wie ein Bohemien das Leben genießen und andere für sich arbeiten zu lassen.

Ein typischer Bohemien hasst Spießer. Unter Spießer versteht ein Bohemien die Menschen, welche sich immer über Zahlen, Fakten und Sonstiges dieser Art neigen und der Welt besserwisserisch erklären, was andere falsch machen. Ich bin nie ein richtiger Bohemien gewesen, aber hier und da hat es Spaß gemacht, zumindest tageweise diese Rolle zu leben. Ich habe dadurch weder meine Freiheit eingebüßt noch habe ich meine Ur-Idee, eine perfekte Unternehmerin zu sein, verraten. Als Jungunternehmerin erlebte ich abenteuerliche »Ups and Downs«.

Staubtrockene Themen habe ich mir meistens bei einem Gin Tonic zur Brust genommen. In dieser Kombination wird selbst das trockenste Thema wie Buchführung oder Businessplanung wieder spannend. Es gab Tage, an denen ich definitiv keine Lust auf Marketingstrategie und SWOT-Analysen hatte. Natürlich kamen auch Themen auf, welche nicht so angenehm sind: Personal führen, Profil beobachten und schlimmstenfalls auch entlassen. Bei derartigen Themen hätte ich mich am liebsten zurückgezogen und andere machen lassen.

In der Anfangsphase und im Aufbau des Unternehmens sind das jedoch deine Aufgaben. Sobald die Personaldichte es hergibt, kannst du geschickt unangenehme Aufgaben delegieren. Allerdings darfst du nicht hoffen, dass dieses leichtere Berufsleben in den ersten Jahren der Selbstständigkeit schon auf dich wartet. Dein eben gegründetes Unternehmen soll dir schließlich Unabhängigkeit und ein finanziell unbeschwertes Leben bescheren. Wenn du dies nicht erkennst und zu früh »hang loose« machst, wirst du schnell feststellen, dass die finanzielle Not schnell vor der Türe steht.

Ich hatte durchgehalten und mit meinem Bohemien-Leben nicht zu sehr übertrieben. Dieses Buch ist das Ergebnis von vielen erfahrungsreichen Berufsjahren, sowohl als Angestellte als auch als Unternehmerin. Mein Motto »START-UP in allen Lebenssituationen« hat mich vor vielen Unannehmlichkeiten bewahrt. Ich hatte zwar in den Anfängen meiner Selbstständigkeit mindestens einmal am Tag das Gefühl: »Jetzt ist es genug! Ich hänge alles an den Nagel.« Aber nein, mein unerbittlicher Wille hielt mich davon ab. Schließlich hatte ich ein Ziel: RUHESTAND UNTER PALMEN AM MEER!

Über all die Jahre hatte ich meine Arbeit lieben gelernt und es hat mich beflügelt, immer weiterzumachen. Selbst wenn ich heute ab und zu schon an meine Rente denke, so werde ich immer etwas Berufsmäßiges ausüben. Zum Ersten weil es Spaß macht und zum Zweiten weil es geistig jung und fit hält.

Heute kann ich es mir sogar erlauben, tageweise nichts zu tun, um dann, wenn mal wieder schlechtes Wetter ist, doppelt so viel zu arbeiten.

Fliegen können alle, es kommt nur auf die Flughöhe an

Trotz des hohen Arbeitsinvests solltest du auch eine gewisse Leichtigkeit für den Aufbau eines Unternehmens mitbringen.

Das soll nicht heißen, dass der Aufbau ein Zuckerschlecken ist und du frei wie ein Vogel agieren kannst. Dies habe ich in einigen Kapiteln in diesem Buch ausgiebig erläutert. Doch die Leichtigkeit in schwierigen Situationen und ein inneres Lächeln geben dir den nötigen Elan für dein tägliches Tun. Es hat mir immer geholfen, an gut duftenden Kaffee oder eine leckere Pizza zu denken. Manchmal steckst du im Innovationsdilemma. Es hilft dann besonders, wenn du trotz allem in guter Laune bleibst.

Andere Menschen zu loben fällt meist sehr leicht. Aber uns selbst loben wir so gut wie nie. Das solltest du ändern, es beflügelt. Sage dir selbst immer wieder, wie toll du bist. Stelle dir auch gern vor, wie du dir dabei auf die Schulter klopfst.

Das heißt nicht, dass sich dadurch schwierige Situationen in Luft auflösen. Bewusstes Eigenlob bewirkt aber, dass du dich etwas leichter fühlst, um Lösungen zu finden. Das war immer meine Devise. Es ist mein Erfahrungswert, der dir helfen soll, deine Grundidee als Unternehmensgründerin aufrechtzuerhalten.

Wie ich kostbare Zeit nutze

Trotz den fantastischen Vorteilen der Selbstständigkeit fühlt sich diese Zeit häufig wie ein Kampf an. Probleme, Konflikte und Rückschläge sind hier und da an der Tagesordnung. Das verlangt dann schon recht viel Kraft.

Was kannst du in solchen Situationen tun? Gehe gedanklich aus dieser Situation heraus. Mit dem Blick von oben, mit dem Adlerauge, wirkt das Gesamtheitliche dann nicht mehr so chaotisch, wie du es empfindest. Mit allen kleinen Problemen, welche du immer mal wieder auf den Tisch bekommst, wirst du fertig, indem du das Gesamte betrachtet.

Bitte verliere nie die langfristigen Ziele, welche du aus Überzeugung gesetzt hast, aus den Augen. Diese Weitsicht ist notwendig, um sich nicht im Kleinkram zu verstricken. Angst und Wut in Kombination sollten keine Chance bekommen, dich verrückt zu machen. Betrachte deine gefühlten Sorgen mit Abstand. Selbstkontrolle heißt das Zauberwort. Anfangs ist diese Art des Umgangs mit Sorgen schwierig, aber ich kann dir versichern: Mit der Zeit wirst du es lernen und es hilft. Lerne und übe, das eigene Leben wieder wertzuschätzen und nicht nur in Arbeit zu versinken.

Lass mal die Gedanken schweifen und erfreue dich daran, dass du ein Teil unseres Universums sein darfst. Das große Ganze, das uns beim tiefen Nachdenken schon überwältigt. Da sind so kleine Dinge wie Ärgernisse im Büro oder ein gebrochener Fuß banal. Erfreue dich daran, dass du dazugehören darfst. Das gibt dir einen kleinen Schubs im Gehirn und du betrachtest die kleinen alltäglichen Sorgen wieder mit einem Schmunzeln. Garantiert kannst du dann den nächsten Arbeitsschritt locker begehen.

8. NACH DEM START-UP IST VOR DEM START-UP

Ein Business läuft und du findest einen Nachfolger

In den acht Geschäftsjahren hatte ich instinktiv immer das Richtige gemacht. Die richtigen Branchen, welche ich nicht nur mit exzellentem Marketingwissen bedienen musste, auch das entsprechende Fachgebiet der jeweiligen Unternehmen musste ich verstehen. Falls nicht, habe ich mir dies angeeignet.

Je nach Firmengröße und Projekt war es sehr aufwendig, aber es lohnte sich immer. Auch in diesem Fall ist der Geschäftsführer/Firmeninhaber, sprich ich selbst, immer mehr gefordert als die Mitarbeiter. Daher habe ich mir immer Branchen ausgesucht, in denen ich inhaltlich Spaß oder schon Basiswissen hatte oder bei denen schlichtweg das Budget reizvoll genug war, sich auch mal Nächte um die Ohren zu schlagen.

Es gab Verträge, welche den Vorteil hatten, dass sie über mehrere Monate laufen konnten und die Kündigung nur jährlich möglich war, wie auch natürlich Einzelprojekte, welche durch ständige Akquise aufwendig ermittelt werden mussten. Die langfristigen Verträge liefen bereits seit mehreren Jahren. Exquisite und sehr zeitaufwendige Betreuung gaben mir Recht, dass es sich lohnt, Fachwissen der jeweiligen Branchen zu erlernen.

Wir stürzten uns auf Unternehmen, welche sich mit erneuerbaren Energien beschäftigten und auf Industrien, welche auch zu schlechten Zeiten gefragt waren. Das waren nach wie vor

Chemieunternehmen und ebenso daraus resultierend zu erwähnen die Pharma-Industrie. Kurzum: Wir hatten auch in dieser Zeit den richtigen Schritt gewagt.

Um diesen Trott der ständigen komplizierten Veränderungen zu verlassen, hatte ich mich in dieser Zeit entschieden, mein Unternehmen zu verkaufen und einer neuen Leitung zu übergeben. Viele meiner Bekannten und Freunde hatten mir ein Vögelchen gezeigt, wie man nur auf die Idee kommen könne, zu solchen Zeiten ein Unternehmen zu verkaufen. Ich aber hatte es gewagt.

Wie schon im Kapitel 3 beschrieben, wurde ich mit 55 Jahren Jungunternehmerin und überlegte im Laufe der Zeit, wie ich mir meine Zukunft und die Zukunft meines Unternehmens vorstellte. Auch in diesem Fall dachte ich wieder mal an »START-UP in ein neues Leben«. Werde ich Rentnerin und verkaufe das Unternehmen? Oder biete ich beim Verkauf eine weitere Mitarbeit als Beraterin an? Auf jeden Fall war die Idee gewachsen, meine Agentur zu verkaufen. Es gab verschiedene Interessenten.

Auf unterschiedlichen Wegen hatte ich Kontakte aufgenommen. Zum Beispiel sprach ich mit Geschäftspartnern. Hier ging es dann um Business-Erweiterung. Ich sprach auch mit Jungunternehmern, welche ein ähnliches Business aufbauen wollten. Eine Mitarbeiterin hatte sich bisher gut platziert und besaß auch die nötige Voraussetzung, hier zu folgen. Aus monetärer Sicht war der Geschäftspartner die beste Lösung. Hier stand aber das Business im Vordergrund; eine Übernahme der Projekte, keine Übernahme der Mitarbeiter.

Was macht man in einer solchen Situation? Ich benötigte Zeit, um das Für und Wider zu beleuchten. Entweder ein etwas ruhigeres Leben mit der Situation, Geld sofort auf dem Konto zu haben, oder die etwas weniger komfortable Situation für mich, an die wirtschaftliche Zukunft unseres Landes mit Jungunternehmern zu denken. Komplettes Cash ist dann aber nicht möglich. Eine Kreditierung wäre dann die Maßnahme. Was meine ich damit? Eigentlich ganz einfach: Bei einem Komplettverkauf mit einem direkten kompletten Cash ist der Start in das neue Leben unkompliziert, alles ist mit Übergabe des »Schecks« erledigt. Die Lösung einer Kreditierung birgt hingegen Gefahren: Der Nachfolger kann zahlungsunfähig werden, was weiteren Stress nach sich zieht. Je nach monatlich zu zahlender Rate ist es quasi ein monatliches Gehalt, welches sich über mehrere Jahre hinzieht. Der Gedanke an eine mögliche Zahlungsunfähigkeit des Nachfolgers kann einen also über einen längeren Zeitraum begleiten und dieses Denken ermöglicht nicht unbedingt ein sorgenfreies Leben.

Ich ließ mich von guten Fachanwälten, Notaren sowie meinem Steuerberater beraten. Sie alle gaben mir einen wichtigen Überblick. Insbesondere der Hinweis, nicht zu blauäugig zu sein und definitiv rein geschäftlich und ohne Emotion zu entscheiden.

Ich entschied mich für die Mitarbeiterin, eben aus schon beschriebenen Gründen, Erhalt von Arbeitsplätzen und der nachrückenden Generation eine Chance zur Selbstverwirklichung geben. Ich ließ Kaufvertrag wie auch Darlehensvertrag vom Anwalt definieren. Die beiden Dokumente wurden von der Gegenpartei anwaltlich überprüft und nach kleinen Änderungen verabschiedet. Mein Vertrauen war dergestalt, dass in monatlichen Raten in den ersten drei Jahren zu Beträgen gezahlt werden sollte, welche sehr entgegenkommend waren; die restliche ausstehende Summe sollte nach den drei Jahren in einem gezahlt werden.

Um mich nicht der Gefahr auszusetzen, dass ich irgendwann wegen Unzulänglichkeit im Geschäftsführen der Nachfolgerin Schaden nehme, wurde eine Eigentumswohnung als Sicherheit hinterlegt. Hier wurde der Notar aktiv, bereitete dieses Verfahren vor und besorgte die beglaubigten Unterlagen. Dies gab mir den Schutz, meine geleistete Arbeit nicht in den Sand gesetzt zu haben.

Neues Business, neues START-UP

So war ich beruhigt und konnte mein kreatives Gehirn damit beschäftigen, darüber nachzudenken, was ich nun noch beruflich machen wollte.

Eine beratende Funktion in meinem verkauften Unternehmen, welche ich für ein kleines Salaire angeboten hatte, war nicht erwünscht. Für mich war das okay. Ich machte dann einen definitiven Strich unter dieses Thema. Es gab auch keinen Kontakt mehr von der anderen Seite. Eigentlich schade und ich dachte noch einige Male an dieses tolle Unternehmen.

Nach Wochen hatte ich dieses Denken abgelegt und es waren neue Ideen entstanden. Wie heißt der Titel dieses Buches? START-UP! Die tiefen Gedanken für neue Ideen waren wieder da. Keine Personalverantwortung, nur für mich und bei Mehrarbeit die Unterstützung von weiteren Senior-Experten maximal auf Rechnung.

Eine Unternehmensberatung für START-UPs. Nein, nicht die klassischen Finanzberater. Es sollte die Beratung aus dem tiefen Leben einer Jungunternehmerin in ihren Fünfzigern sein, wie ich es vor acht Jahren gewesen war. Von Mut machen und Ängste verscheuchen, an die Hand nehmen und helfen, aber auch die Ohren zurechtrücken. Beratung aus dem echten START-UP-Leben, dem Einzelunternehmertum. Social Media sollte hier eine schnelle Vermarktungsschiene sein. Vieles kannte ich, aber tiefe Details musste ich erst lernen. Ja, schon wieder lernen! Das hält jung und mein Lieblingsspruch »Du wirst alt wie eine Kuh und lernst immer noch dazu« bewahrheitete sich wieder. Es machte Spaß. Ich stand weder unter Zeitdruck noch hatte ich eine finanzielle Belastung.

Die Websites waren entstanden. Warum Websites? Es galt, eine Unternehmensberatung mit all dem Branchenwissen und dem Marketingpotenzial zu platzieren. Hieraus wurde dann eine Projekt-Seite abgeleitet, die Service-Seite für START-UPs. Ein Video musste her, um kurz und knackig zu erklären, was geboten wird. Durch gute alte Freunde fand ich einen Jungunternehmer, ein Spezialist für Videos mit dem Spirit der Jugend und dem Verstand dafür, was ich haben wollte. Es entwickelte sich eine leidenschaftliche Zusammenarbeit. Ich textete und gab meinen Wunsch preis, so wie es ein Wassermann macht. Ich wurde natürlich ein wenig gebremst, aber das machte nichts. Ich hatte damit gerechnet.

Überaus euphorisch hatte ich mich inhaltlich ins Zeug gelegt und es waren dabei auch »Super-Ideen« entstanden. Wie aber schon in diesem Buch beschrieben: bitte niemals im Service-Angebot übertreiben. Auch mir ist in diesem Fall so etwas passiert und so sind die Gäule mit mir durchgegangen. Warum? Weil ich natürlich sehr überzeugt war und es im Übrigen immer noch bin. Sehr schön ist es dann, wenn es jemanden gibt, der einen schnell wieder auf den Boden der Tatsachen bringt. So ist es in diesem Fall geschehen.

Gleich beim ersten Entwurf habe ich gejubelt, er hatte mich verstanden! Hier und da kleine Korrekturen und ich konnte ein perfektes Video auf die Internetseite stellen. Eine Kurzversion für Social Media gab es dann noch im Anschluss, um diese Kanäle kurz und knackig zu bedienen. Ich hatte richtig Spaß daran und arbeitete mich durch alle Medien, um den richtigen Bereich zu wählen. Dabei galt das Motto: »Bitte nicht auf allen Hochzeiten tanzen, lieber nur eine und diese dann perfekt bedienen«. Es gelang mir und ich hatte meine neue kleine Businesswelt aufgebaut.

Enttäuschte Erwartungshaltungen

Wie ist es möglich, dass sich Menschen von einem abwenden, welche jahrelang ein sehr gutes Einkommen bei ihrer Arbeitgeberin hatten, sprich bei mir?

Nach dem Verkauf meiner Agentur änderte sich mein Leben total. Nach großem Hin- und Herüberlegen hatte ich mich entschieden, an eine Mitarbeiterin zu verkaufen.

Immer darauf bedacht, zufriedene Mitarbeiter zu haben, gab mir gedanklich recht, gute Gehälter zu zahlen. Auch Provisionen, wurden je nach erreichtem Geschäftsziel vertraglich festgelegt. Ebenso gab es Freiheiten in Sachen Eigeninitiative in der Gestaltung und Führung von Projekten. Es gab wenig Diskussionen, ob nun die Arbeit im Home-Office oder im Büro zu leisten war. Bei guter und professioneller Arbeit war ich sehr entgegenkommend und gab Freiräume in der Durchführung. Dies bot einen besonderen Pluspunkt für Frauen, welche zuhause Kinder im noch zu beaufsichtigen Alter hatten. Wer diese Gratwanderung und auch Trennung zwischen Privatleben und Job verstand, hatte bei mir alle Möglichkeiten der Arbeitsgestaltung.

Es war also eine geschmeidige Arbeitsform, die ich da bot und dies schon vor Corona-Zeiten. Das Gefühl, alles richtig gemacht zu haben, wuchs in mir und wurde auch von meinen Mitarbeitern bestätigt. Ein Team um sich zu haben, welches zufrieden ist, gibt Ruhe und Entspannung und schafft Freiraum für die Planung der Geschäftsfeldentwicklung.

Das Geschäftsleben nahm seinen Lauf. Auch bei weiteren Einstellungen von Mitarbeitern, war ich immer darauf bedacht, zum Team passende Menschen einzustellen und ebenso auch klare Jobs anzubieten, in denen sich jeder entsprechend seiner Fähigkeiten entwickeln konnte.

Der Plan ging auf. Zufriedene Mitarbeiter sind in einem kleinen Unternehmen noch wichtiger, um nicht zu sagen notwendig. Es gibt gerade in der Anfangsphase keinen Raum, um »Spielchen« der Mitarbeiter zu bedienen.

»State of the art«, oder besser gesagt, »State of the Arsch«
Ein Abschlussessen mit dem gesamten Team war für mich der Schlussstrich unter meiner Karriere als START-UP-Unternehmerin. Das Unternehmen, welches ich acht Jahre sehr erfolgreich geführt hatte, hatte ich übertragen.

Als älterer Mensch muss man wissen, wann Schluss ist. Dann mischt man sich in keiner Form mehr im wirtschaftlichen Geschehen der Nachfolger ein.

Das kulturelle Problem des Hintern bzw. Arsch hat sich ja nun speziell in der Frauenwelt drastisch geändert. War früher der kleine Popo erstrebenswert, so ist es heute dank Jennifer Lopez und Kim Kardashian wichtig, einen etwas üppigeren Hintern zu haben. Dies als Basic bezüglich des Themas Arsch.

Was hat dies mit dem Thema zu tun? Nachdem ich viele Jahre, eine gute Chefin war, erlebte ich plötzlich sehr unschöne Situationen, wenn ich ehemalige Mitarbeiter und auch Angestellte von einem besonderen Kunden traf. Ich wurde gefühlsmäßig als Arsch behandelt.

War ich früher eine respektierte Person, im Sinne von »normalem Popo«, so wurde ich das Gefühl nicht los, ab diesem Zeitpunkt für einen »Riesenarsch« gehalten zu werden. Normalerweise ist dies nicht meine Sprache, aber es hatte mich teilweise so verärgert, dass ich bei diesem Gedanken jedes Mal schlecht gelaunt war.

Ein beliebtes Verhalten von Ex-Mitarbeitern: kurzer Gruß bei der gelegentlichen Begegnung auf der Straße, kein Stopp für einen Handshake, bei Nachfrage, wie es ginge, die flotte Antwort: »Alles fantastisch.«

Über Dritte, welche mir noch sehr positiv begegneten, erfuhr ich, dass viele meiner Arbeiten in Projekten negativ beurteilt wurden und zuvor gut laufende Geschäfte anderen Menschen zugeschrieben wurden. Es ist schon recht ärgerlich, so etwas zu erfahren. Aber auch hier gilt die Devise, die professionelle Geschäftsfrau erklärt sich dies selbst sehr sachlich und fachlich und gewinnt mit der Zeit auch in so einem Fall Ruhe und Gelassenheit.

Viele Monate später stellte ich einige dieser Leute zur Rechenschaft und es war mir eine Freude zu sehen, wie überrascht und auch sprachlos man reagierte und es keine Gegenwehr gab. Warum ich dies viele Monate später tat? Ganz einfach: Ich wollte für mich selbst Zeit gewinnen, um sachlich professionell zu reagieren.

Warum reden und lästern Menschen über andere? Ein grundsätzliches Problem herrscht hier vor: ein geringes Selbstbewusstsein. Schlecht über andere zu reden, gibt Leuten ein besseres Gefühl für sich selbst.

Wenn eigene Arbeitsergebnisse nicht überzeugend sind, neigt der Mensch schnell zu Ablenkungsmanövern. Wenn ein Business, welches viele Jahre gut lief und auch entsprechende Einnahmen garantierte, seit der Übernahme nicht mehr dieses Ziel erreicht, ist es wohl das Einfachste, es auf die Vorgängerin zu schieben.

Beim Kundenverhalten ergab sich Folgendes: Speziell bei einem der damals großen Kunden machte es die Runde, dass zwei große Projekte, welche ohne mein Netzwerk und professionelle Marktrecherchen nie zustande gekommen wären, vom Kunden selbst initiiert wurden. Allein meine Grundideen, wie ich z. B. die Produkte meiner Kunden auch im fernen Asien und Mittelamerika vermarktete, entsprachen meiner Kreativität und brachten meinen Kunden international ins Gespräch. Aus eigener Initiative wäre es dem Kunden nicht gelungen, da bis zu diesem Zeitpunkt weder eine Location in diesen Regionen noch die Kreativität bestand, sich außerhalb von Europa zu bewegen.

Warum verhalten sich Menschen so? Warum schmückt man sich gerne mit fremden Federn? Was bedeutet diese Redewendung überhaupt? Sie beruht auf einer Fabel des römischen Dichters Phaedrus. Wenn sich jemand mit fremden Federn schmückt, dann bedeutet dies, dass man Verdienste von anderen Menschen als seine eigenen ausgibt. Lob und Anerkennung erschleicht man sich somit.

Die Fabel zu diesem Sprichwort gibt Folgendes wieder: Eine Krähe erspähte bunte und schöne Pfauenfedern am Boden. In ihrer Fantasie überlegte sie, sich ihr eigenes Gefieder ein wenig aufzuhübschen. Sie ergänzte ihr eigenes fades Federkleid mit den schönen bunten Pfauenfedern. Mit diesem neuen Federkleid begab sie sich mitten unter eine Gruppe von Pfauen, um mit dieser neuen Eleganz zu glänzen. Doch die Pfauen fanden es gar nicht lustig und rupften der Krähe nicht nur die fremden Federn, sondern auch die eigenen aus. Nach dieser Aktion der rachsüchtigen Pfaue stand die Krähe nun wesentlich armseliger da als zuvor. Und die Moral von der Geschichte: Mit fremden Federn schmückt man sich nicht.

Es wäre wünschenswert, wenn viele Menschen dieses Sprichwort kennen würden und sich entsprechend anders verhielten. Dem Himmel sei Dank gibt es am anderen Ende einer Businesskette aber immer noch Menschen, welche derartiges Verhalten kennen und dem professionell begegnen. Ich hatte das Vergnügen, dass am anderen Ende Geschäftsleute saßen, welche den Ursprung dieser Geschäftsfeldentwicklung kannten und entsprechend reagierten.

Nicht jeder kann ein Unternehmen führen

Der Verkauf meiner Marketingagentur an eine Mitarbeiterin wurde mit einem Kauf- und einem Darlehensvertrag vollzogen. In einem großen Entgegenkommen wurden Ratenzahlungen verabschiedet.

Es ging ein Jahr gut. Im 13. Monat vermisste ich dann den vertraglich geregelten Zahlungseingang. Da ich mit diesem Betrag einer Zahlungsverpflichtung nachging, war mir dies direkt zum Monatswechsel aufgefallen. Etwas verärgert formulierte ich eine E-Mail, welche ich dann textlich mehrfach korrigierte. Etwas abgeschwächt übermittelte ich diese E-Mail dann einen Tag später.

Als Antwort erhielt ich Stunden später eine WhatsApp-Nachricht. Hierin hieß es, da müsse wohl etwas schiefgelaufen sein. Meine Nachfolgerin wollte sich kümmern. Ich hielt mich zurück und wollte auf eine Antwort warten. Am nächsten Abend erhielt ich einen Anruf von ihr, erst ein wenig privates Geplänkel über dies und jenes und zum Abschluss kam die Bombe.

»Ich möchte gern mit dir persönlich sprechen. Wann hast du Zeit?« Das Geschäft sei gerade nicht so gut, vorhandene Aufträge liefen schlechter und neue seien zurzeit nicht zu bekommen. Ich war sprachlos und doch hatte ich irgendwie damit gerechnet. Ich ließ es sacken und sagte nur, dass ich auch Zahlungsverpflichtungen hätte und grundsätzlich keine Änderung, falls gewünscht, möglich sei. Gegenantwort: Sie würde sich etwas einfallen lassen. Das Gespräch war damit erst einmal beendet.

Mal ganz ehrlich, das war doch sehr unprofessionell. Indirekt wurde mir kurz und knackig erklärt, sie sei nicht zahlungsfähig. Zudem kam diese Nachricht erst, nachdem ich sie angeschrieben hatte. Des Weiteren war sicherlich schon vorher erkennbar, dass die Situation schwierig werden könnte. Eine angespannte Lage entwickelt sich schließlich nicht in 24 Stunden.

Ich fand das alles recht frech und unverschämt. Schon wieder hatte ich dazu gelernt.

Was macht man mit säumigen Zahlern?

Ein weiteres persönliches Gespräch lief nun etwas freundlicher ab, schließlich wollte meine Nachfolgerin ja etwas von mir. Sie erhoffte sich meine Zustimmung zu einer geringeren Rate für die folgenden zehn Monate.

In der Praxis gibt es immer wieder Probleme mit säumigen Zahlern. Durch Außenstände entstehen letztendlich Kosten und auch Zinsverluste. Ich wusste bereits, um welchen Gesprächsinhalt es gehen sollte und hatte mir bereits vorher Gedanken gemacht, wie ich diesem Wunsch entspreche oder auch nicht. Im schlimmsten Fall musste ich mit einem Forderungsausfall rechnen.

Grundsätzlich musst du zwischen Fälligkeit und Verzug unterscheiden. Fälligkeit ist der Zeitpunkt, wann du als Gläubiger deine Leistung fordern kannst. Verzug besteht dann, wenn dein Schuldner die Leistung/Zahlung nicht erbracht hat, obwohl die Fälligkeit verstrichen ist.

Generell sind Gläubiger und Schuldner bei der Vereinbarung eines Zahlungstermins frei. Hast du keine Zahlungsfrist angegeben, dann gilt lt. BGB die Grundregel § 271 Abs. 1 BGB: Ist eine Zeit für die Leistung weder bestimmt noch aus den Umständen zu entnehmen, kann der Gläubiger die Leistung sofort verlangen und der Schuldner hat diese sofort zu bewirken. Eine Geldschuld ist somit sofort fällig, wenn nichts anderes schriftlich vereinbart wurde. Erfolgt dann innerhalb von 30 Tagen nach Zugang der Rechnung kein Zahlungseingang, kommt der Zahlungspflichtige in Zahlungsverzug.

Ein Hinweis in deinen AGBs reicht nicht aus, maßgebend ist der Hinweis auf deiner Rechnung. Bitte weise immer darauf hin, z. B. mit einer Formulierung wie »Der Rechnungsbetrag ist sofort ohne Abzug fällig«.

Sollte ein Zahlungsengpass entstehen, kann selbstverständlich nach Absprache eine Ratenzahlung oder eine Reduzierung vereinbart werden. Meistens ist diese Vorgehensweise hilfreicher als sich gerichtlich auseinanderzusetzen.

Wie ich nun im Gespräch mit meiner Nachfolgerin erfahren hatte, war sie in einen Zahlungsengpass geraten und erbat eine Reduzierung der Ratenzahlung. Der Wunsch sah so aus, dass ich weniger als die Hälfte des vereinbarten Ratenbetrages erhalten sollte. Ich war schon ein wenig überrascht, nein eigentlich entsetzt, dass mir so viel Frechheit entgegengebracht wurde.

Aufgrund meiner Lebenserfahrung hatte ich mich im Griff und platzte nicht mit einer etwas intensiveren Antwort heraus. Getreu dem Motto »sacken lassen, tief durchatmen und eine konkrete finale Antwort erst nach wirtschaftlichen Überlegungen geben«. Dies hatte ich auch so signalisiert und gab zu verstehen, dass ich 24 Stunden Zeit benötige, um den richtigen weiteren Weg zu vereinbaren.

Nach meiner reiflichen Überlegung, welche ich im Verlauf der nächsten 24 Stunden immer wieder veränderte, signalisierte ich, dass ich in einem weiteren persönlichen Gespräch meine Vorstellung zu diesem Thema fixieren wollte. Was hatte ich mir gedacht? Der erste Gedanke lautete aufgrund meiner inneren Wut, dass ich überhaupt nicht entgegenkommen wollte.

Mein Verstand sagte mir aber, dass ich so nicht weiterkomme und letztendlich nur Probleme habe. Einer gerichtlichen Auseinandersetzung wollte ich eigentlich aus dem Weg gehen. Obwohl im Vertrag bei Zahlungsunfähigkeit als Sicherheit eine Eigentumswohnung hinterlegt ist, wollte ich es nicht so weit kommen lassen. Mein Vorschlag sah dann so aus, dass ich mit einem reduzierten Betrag einverstanden war, allerdings zu meinen Vorstellungen und nicht wie vorgeschlagen die Hälfte weniger.

Im Gesicht meiner Nachfolgerin war einerseits Unmut zu erkennen, andererseits aber auch Zufriedenheit, da ich nicht mit Kanonen auf Spatzen geschossen hatte. Wir gingen nach diesem Gespräch auseinander und sicherlich hatte sie, genau wie ich, ein etwas seltsames Gefühl. Bei mir lag ganz klar der Fokus auf dem nächsten Monatswechsel, um direkt auf dem Konto zu sichten, ob die Zahlung erfolgte. Das Zahlungsprozedere hatte sich dann eingependelt. Bis zum heutigen Tag gibt es keine Probleme. Ich hoffe, dieser Zustand hält an!

Bei dieser Geschichte, sofern man es als Geschichte bezeichnen kann, ist mir bewusst geworden, dass ich nie wieder so ein freundliches Entgegenkommen in Sachen Kreditierung der Kaufsumme ansetzen würde. Es ist einfach zu tollkühn oder besser gesagt zu risikoreich. Klare Fakten und Summen auf dem Tisch lassen wesentlich beruhigter überblicken und verursachen keine schlaflosen Nächte.

Zum gesamten Prozedere gibt es noch weitere wichtige Aspekte, welche du im Falle von säumigen Schuldnern kennen solltest. Welche Kosten muss ein säumiger Zahler eigentlich übernehmen? Bei Geldschulden hat z.B. der Gläubiger gegen den Schuldner ab Eintritt des Verzugs Anspruch auf Zahlung von Verzugszinsen.

Der Gesetzgeber hat die Höhe der Verzugszinsen gegenüber Verbrauchern auf jährlich fünf Prozentpunkte, gegenüber Unternehmern sogar auf neun Prozentpunkte über dem Basiszinssatz festgelegt. Der Basiszinssatz ändert sich jeweils zum 1. Januar und 1. Juli eines Jahres. Die aktuellen Zinssätze kannst du bei der Bundesbank erfragen.

Darüber hinaus kann der Gläubiger Ersatz für seinen Verzugsschaden verlangen. Das können im Einzelfall auch höhere Zinsen sein, etwa wenn der Gläubiger zur Zwischenfinanzierung einen Bankkredit in Anspruch nehmen muss. Als Verzugsschaden sind grundsätzlich auch die Kosten für weitere Mahnungen (mit Ausnahme der den Verzug begründenden Erstmahnung) anzusehen.

Dieses Thema ist sehr spezifisch, gerade in Verbindung mit Verzugspauschalen und im Einzelfall muss hier immer ein Fachberater ans Werk. In Eigenregie kannst du vieles falsch machen.

Was ich noch zusätzlich erwähnen möchte, ist die Sonderregelung für Kaufleute. Kaufleute, die im Handelsregister eingetragen sind, können untereinander bereits ab dem Fälligkeitstag der Geldforderung Zinsen verlangen.

In meinem Fall handelte es sich um eine Kreditierung mit vertraglich festgelegtem Zahlungstermin und Zahlungssumme. Die Regeln von Verzugszinsen etc. ließ ich außer Acht und die Rückzahlungszeit wurde verlängert. Es ist in diesem Bereich wichtig, Regeln und Gesetze zu haben, doch ist es nicht immer notwendig, Regularien aufzustellen. Es bleibt jedem Unternehmer selbst überlassen, intern Reglements zu erstellen.

Was darf es sonst noch sein?

Schon immer hatte ich eine Künstlerin in mir, wenn es ums Beschreiben und Erklären ging. Warum nicht ein Buch schreiben, neben meiner Unternehmensberatung für START-UPs? Klingt verrückt, doch der Gedanke ließ mich nicht los.

Wie ging ich vor? Ich machte mich schlau. Was muss ich tun, um eine Autorin zu werden? Der Markt ist voll von Büchern von Wissenden, Fachidioten, welche die Welt mit banalen Gedanken und langweiliger Kost verrückt machen, wie auch großartige Romanschreiber, bei deren Werken man nicht aufhören will, zu lesen. Vieles ist einfach spannend und gut. Meine Gedanken in Sachen Autorenarbeit gingen in eine Richtung, die da hieß: eine Kombination aus Autobiographie, Ratgeber und Sachbuch.

Vorab galt es, sich Gedanken zur Vermarktung zu machen. Was sind die Vorschriften, um dies zu tun? Ich hatte Empfehlungen aller Art gelesen, um mich dann zu guter Letzt für das Selfpublishing zu entscheiden.

Warum? Große Verlage erhalten Massen an Lektüre, wo Bedarf der Vermarktung und aller klassischen dazugehörigen Arbeiten gewünscht wird. Es fängt an mit Buchtitelsuche, Lektorat, Erstellung eines E-Books, Print etc. Dass in solch einem Servicefall ein recht hohes Budget zu erwarten ist, brauche ich nicht zu beschreiben. Unterm Strich bleibt da nicht viel übrig. Und nicht zu vergessen, verursacht auch das Wohlwollen, dein Werk überhaupt zu vermarkten, eine gewisse Abhängigkeit. Beim Selfpublishing kommt das Thema Forschen, sprich Marktforschung, wieder auf den Tisch. Da ich sehr gern recherchiere, fand ich schnell heraus, was richtig ist und was falsch gemacht werden kann. Ich ermittelte eine supertolle und talentierte Textexpertin mit dem studierten Fachwissen in Germanistik, Philosophie und Literaturwissenschaft sowie Erfahrung in Vermarktung und vielem mehr. Zwischen meinem Heimatort und Berlin wurde von diesem Moment an viel kommuniziert. Was insgesamt dabei herausgekommen ist, das liest du hier. Ich hoffe, es gefällt. Auf jeden Fall ein großes Dankeschön an Tanja und ihre Agentur *im SELBSTverlag* aus Berlin.

Wie läuft mein Business weiter bei Krankheit

Wie so oft im Leben kann man nicht alles steuern.

Bei dem Aufbau meines neuen Business als Consultant für START-UPs widerfuhr mir Folgendes: Voller Energie hatte ich mich entschieden, Jungunternehmern bei dem Aufbau ihres Business zu unterstützen.

Die Möglichkeiten der Publizierung, welchen Service ich anzubieten habe, hatte ich voll ausgeschöpft. Website-Aufbau mit Hinweisen zu klaren Fakten sowie ein Video, welches sich ohne Umschweife mit dem gewünschten Thema beschäftigt, führte zu vermehrtem Bekanntheitsgrad. Ebenso belegte ich meinen Favorit LinkedIn mit Nachrichten sowie Kurzvideos und regelmäßigen Posts. Meine Kontakte vermittelten weiter, sodass meine Hinweise über Sales Navigator viele Interessierte informierten. Es startete richtig gut!

Ebenso mein Aufenthalt auf einer wichtigen und der größten Food Messe, die Internorga, nutzte ich für einen Kurzvortrag, gerichtet an START-UPs. Nach dieser Messe erhielt ich viele Anfragen in Sachen Unterstützung. Meine Hauptaufgabe sollte darin bestehen, per Video-Talk individuelle Unterrichtsstunden zu erteilen. Es funktionierte und hatte den Vorteil, dass ich von überall auf dieser Welt arbeiten konnte. Mit entsprechendem Hintergrundbild schaffte ich eine neutrale Darstellung. Ich war im Flow.

Doch dann hatte ich mir einen Mittelfußknochen gebrochen. Mir war mein Fuß umgeknickt, einfach so in der Küche. Zuerst dachte ich, na ja, wird wohl eine Verstauchung sein, also erstmal Fuß hochlegen, nicht belasten und kühlen. Leider musste ich am nächsten Morgen feststellen, dass mein Fuß über Nacht geschwollen war und sehr schmerzte. Also ab ins Krankenhaus zur Notaufnahme. Die Untersuchungen sowie Röntgenaufnahmen zeigten dann, dass der Fußknochen gebrochen war; fachlich benannt als Jones-Fraktur.

Eine konservative Heilung wurde nicht empfohlen, es sollte operiert werden. Schrauben sollten ein schnelleres Zusammenwachsen fördern. Mir war auch bei dieser Variante ein besseres und sichereres Gefühl gegeben. Nach Vollnarkose und kurzem Aufenthalt konnte ich dann das Hospital mit einem speziellen Stützschuh im Rollstuhl sitzend verlassen.

Die Anfangsfreude einer schnelleren Heilung wurde eingedämpft, da ich auch mit diesem Spezialschuh erst einmal nicht belasten durfte. An Gehstützen, sprich Krücken, laufen lernen, als sogenanntes Dreibein, das war eine sehr große Herausforderung. Die Angst, mir durch Unsicherheit weiteren Schaden zuzufügen, beherrschte mich. Der Heilungsprozess war ohnehin langwierig, das Alter macht es nicht einfacher. Schnell zurückspringen ist nicht mehr drin und so wuchsen Ungeduld und Frust mit jedem Tag.

All meine Ideen in Sachen Business sollte ich für die nächsten sechs bis acht Wochen auf Eis legen. Ich glaube, jeder kann sich denken, dass dies wirklich eine Herausforderung war. Wie dem auch sei, da musste ich durch. An Tagen, wie auch in Nächten, wo mich der Schmerz plagte, lenkte ich mich ab und entwickelte Ideen, wie ich da Business vorbereiten und was ich arbeitstechnisch leisten kann. Immerhin hatte ich jetzt verstärkt Zeit für die Fortsetzung meines Buches.

Auch in diesem Lebensabschnitt spielte mal wieder das Thema START-UP eine Rolle. So war die Auswirkung bei mir. Jedoch hat nicht gleich jeder die Idee und Möglichkeit, ein Buch zu schreiben.

Normalerweise laufen derartige Situationen etwas anders. Als START-UP-Unternehmerin unterliegst du häufig Stress-Situationen. Dieser Stress geht auf die Gesundheit. Gründerinnen sollten es daher nicht übertreiben und abschalten können, ohne dass es sich nachteilig auf das tägliche Business auswirkt.

Intensiv kennst du gerade als START-UP gesetzliche Vorgaben z. B. in Sachen Arbeitszeiten. Als Selbständige kannst du sicherlich häufig darüber lächeln, denn Überstunden werden eigentlich regelmäßig geleistet und sind auch im Wording eines START-UP-Unternehmens nicht zu finden.

Die eigene notwendige Freizeit für die Gesundheitserhaltung findet keinen Platz. Gerade in der Anfangsphase bist du damit beschäftigt, das Unternehmen richtig aufzustellen, Reichweiten und Präsenz erzielen, in Märkte etablieren und vieles mehr. Kurzum: Du mutest dir selbst häufig zu viel zu.

Nicht alle Stress-Situationen sind schädlich. Vieles führt man aber selbst herbei, dazu gehören

- Schlaflosigkeit
- Magenprobleme
- Immunsystem wird überanstrengt, je nach Alter mal mehr oder weniger
- zu viele Gedankenflüsse führen zu Vergesslichkeit
- Stimmungsschwankungen
- gereiztes Verhalten
- zu hoher Alkohol-, Kaffee- oder Energy-Drink-Konsum

Und immer steht im Raum: müssen, können, wollen, sollen ...

Die grundsätzliche Denke, »ohne Fleiß kein Preis«, ist verständlich und man meint, dass dieses Arbeitsleben gerade in der Anfangsphase dazu gehört. Das ist sicherlich richtig, aber du darfst es nicht übertreiben, denn die Leistungsfähigkeit verändert sich negativ.

Das persönliche Arbeitspensum muss in solchen Situationen reduziert werden und wenn die Möglichkeit besteht, zu delegieren, dann bitte, tue es. Freizeit und Arbeitszeit müssen immer gleichgroße Pole sein. Eine Auszeit, Entspannungszeit – oder wie man das Kind auch immer nennen mag – hat Vorteile. Du gewinnst anschließend die Erkenntnis, dass z. B. viele Aufgaben anders geregelt werden können. Neue Business-Ideen entstehen größtenteils nach einer Relax-Phase. Fange diese Phase an, du wirst feststellen, es funktioniert. Nachfolgend ein paar Ideen zum Relaxen und Nachdenken.

- ▶ Mache Urlaub, mindestens 14 Tage.
- ▶ Gehe zur Massage.
- ▶ Lerne Atem-Techniken, diese helfen kurzfristig in schlechten Situationen.
- ▶ Übe dein Lieblingshobby aus.
- ▶ Überlege dir, ob du zufrieden bist mit deiner aktuellen Situation.
- ▶ Übe, »Nein« zu sagen.
- ▶ Höre deine Lieblingsmusik, Musik entspannt.
- ▶ Lege eine Zeit fest, in der du dein Handy nicht benutzt.
- ▶ Was stresst dich? Erstelle eine Art persönlichen Ratgeber mit deinen individuellen Empfehlungen zur Stressvermeidung.
- ▶ Genieße einen Abend mit einem Schaumbad.
- ▶ Esse und trinke deine Lieblingsspeisen und Lieblingsgetränke.
- ▶ Sei stolz auf dich – das ist besonders wichtig.

Dafür drücke ich dir die Daumen. Es wird gelingen. Ich habe es öfters so durchgeführt.

9. ZUM GUTEN SCHLUSS

Nur das Beste für dein neues Business und dein neues Leben

Zum Abschluss möchte ich noch einige persönliche Worte an dich richten.

Eine Frau zu sein sollte kein Risiko darstellen, sich mit einem START-UP selbstständig zu machen.

Bevor du dich nun in dein neues Abenteuer stürzt, möchte ich dir noch ein paar Gedanken mit auf dem Weg geben. Als Erstes wünsche ich dir alles erdenklich Gute für deine Idee, ein Unternehmen zu gründen. Genieße die Freiheit, alles selbst entscheiden zu dürfen! Deine Welt wird sich in vielerlei Hinsicht ändern, meistens positiv, manchmal wird es jedoch auch negative Situationen geben.

Vorrangig kann ich nur immer wieder sagen: Unser aller Zukunft liegt in den Händen von mutigen, interessierten, ideenreichen und erfolgreichen Unternehmerinnen wie dich, welche die Wirtschaft am Laufen halten. Es ist eine besondere Welt, in der du verstehen lernst, dass du wichtig bist! Die jetzige Generation, welche sich diesem »Abenteuer« hingibt, ist unentbehrlich. Du bist auf jeden Fall überzeugter als die Generationen, welche aus meiner Zeit stammen. Dein Glaube an deinen Ideenreichtum ist viel intensiver, so auch die internationale Orientierung. In früheren Zeiten war eine internationale Businesswelt sehr kompliziert auszurichten. Mit den heutigen technischen Möglichkeiten ist ein wesentlich leichteres Arbeiten realisierbar. Bedingt dadurch, dass wir alle durch die Apples, Googles, Metas, Pinterests und viele weitere Wegbereiter wesentlich technologieorientierter agieren können, haben wir grundsätzlich mehr Chancen, uns weltweit zu platzieren.

START-UP-Unternehmerinnen und -Unternehmer sind aktuell stark in der Diskussion, inwieweit der Staat zukünftig Einfluss auf die Wirtschaft haben soll. Viele wichtige Technologien wie z. B. der Glasfaserausbau tragen zum effizienteren Arbeiten bei.

Der Abbau von Bürokratie bringt die Möglichkeit schnelleren Handelns in vielen Bereichen. Auch ein wichtiges Thema ist die Erleichterung bei der Visa-Erteilung für Fachkräfte aus dem Ausland. Dies hat Zukunft und wird unumgänglich sein. Auf jeden Fall hoffen wir alle, dass es niemals zu einer Planwirtschaft kommen wird. Die Freiheit, unabhängig Ideen walten zu lassen, sollte in unserer Demokratie ein hohes Gebot sein.

Als ehemalige START-UP-Unternehmerin sehe ich unsere Zukunft jung und dynamisch am Wirtschaftshimmel. Ich hoffe, dass mein Wunsch in Erfüllung geht und ich viele Frauen in der zweiten Lebenshälfte ermutigen kann, den Schritt in die Selbstständigkeit und damit in die Unabhängigkeit zu wagen.

Ich möchte Mut machen und Angst vertreiben!

In diesem Sinne, viel Spaß und Erfolg!

Wer braucht noch Antworten, wenn man im Himmel ist?

Eine Frage wurde mir mal ganz privat gestellt:

Wie würdest du gerne einmal in ferner Zukunft sterben?

Meine Antwort war damals:

Hoffentlich an einem schönen Ort!

Bestenfalls mit Blick aufs Meer bei meiner Wohlfühltemperatur von max. 22 Grad. Oder in einer meiner Lieblingsstädte bei einem schönen Abschiedsessen oder einem tollen Drink. Zum Beispiel in New York, Barcelona oder Hamburg.

Ich empfinde es als ein großes Glück, dass ich mein Leben bis heute nach meinen Wünschen gestalten konnte und es auch hoffentlich in Zukunft kann. Was ich wohl im Innersten immer tun wollte, war zu schreiben, Menschen mitzuteilen, was wichtig, spannend und hilfreich ist. Je mehr ich schreibe, desto besser werde ich. In allem, was man jeden Tag macht, wird man besser. Ich möchte mit meinem Buch emotional bewegen und nicht intellektuell überzeugen. Was am meisten interessiert und bewegt, ist eigentlich das, was andere Menschen real erleben.

Heute, mit 64 Jahren, bin ich so alt, dass sich einige geliebte Menschen bereits aus meinem Leben verabschiedet haben. Viele dieser Menschen sehe ich klarer in meiner Erinnerung und in meiner Vorstellung als zu Lebzeiten.

Eines meiner Ziele heißt, meinen 100sten Geburtstag in New York feiern. Mit einem Piccolo auf das Empire State Building, mein Lieblingshochhaus, und es noch einmal richtig knallen lassen.

Ich stelle mir nicht die Frage, ob ich dies schaffen werde. Ich werde!

START-UP in eine neue Welt. Und was kommt danach?

Bei allem, was man so im Leben erreicht hat, wird es irgendwann so weit sein, dass man sich verabschieden muss. Verabschieden aus dieser Welt. Bedingt durch Alter, Krankheit, eben das normale Ableben, aber auch durch außergewöhnliche Situationen.

Oft denke ich im Alltag darüber nach, wie es sein wird, wenn ich mal nicht mehr bin. Oder werde ich doch noch sein? Gibt es ein Leben nach dem Ableben? Irgendwo im Universum? Auf einem anderen Planeten als anderes Individuum wiederkehrend? Je nach Glauben und Religion stellt sich diese Frage erst gar nicht. Ich bin und war im Verhalten zu diesem Thema immer zwiegespalten. Warum?

Im Alter von zehn Jahren wurde mir das erste Mal bewusst, dass mein eigener Körper irgendwann nicht mehr da sein wird. Auslöser war der Todesfall meiner Großmutter. Nach dieser traurigen Situation wurde mir Tage später bewusst: »Da auf dem Friedhof wirst du auch einmal liegen.« Es war einfach eine schreckliche Vorstellung.

Ich konnte mich kaum beruhigen. Trotz der Erklärungsversuche meiner Eltern, aufgebaut auf unsere lebensbegleitende Religion, wurde mir klar, dass es keinen lieben Gott gibt, der mich dann freudig in die Arme nimmt und mir ein neues, anderes Leben aufbaut. Es gab einfach keine gescheite Erklärung für mich.

Nach Wochen hatte ich mich damit abgefunden, oder besser gesagt, ich hatte es verdrängt. Es gelang mir, indem ich mir sagte: »Du lebst ja noch viele Jahrzehnte. Was machst du dir schon jetzt Gedanken darüber?«

In all meiner ausgeprägten Reisetätigkeit auf dieser Welt lernte ich viele unterschiedliche Religionen kennen. Festzustellen ist, jede Religion gibt Menschen im Glauben Halt für das tägliche Leben, Struktur zu erkennen, ob nun manifestiert und untermauert mit richtigen Fakten oder einfach als Glaubensritual. Menschen suchen sich einen Weg, um das zu erwartende Endliche leichter zu verstehen und wenn es dann so weit ist, es auch zu ertragen. Wissenschaftlich gesehen gibt es nichts Konkretes. Der moderne Mensch entstand in Afrika. Dies gilt wohl als gesichert. Viele Details in Sachen Entwicklung des Homo Sapiens sind weiterhin ungeklärt. Ebenso wie die Frage, wann und auf welchem Weg der Homo Sapiens nach Asien und Europa gekommen ist. Ich werde es zu meinen Lebzeiten wohl nicht mehr erfahren.

Ich wünsche mir, irgendwo im Weltall in den Galaxien eine

neue Art von Lebewesen zu werden, um dann auch dort eine Ratgeberin und Wissende zu sein.

Maybe, why not. Let's go and START-UP.

Liebe Leserin,
ich möchte mich bei dir für den Kauf meines Buches bedanken.
Daher habe ich eine kleine Überraschung für dich vorbereitet: Auf meiner
Website www.angelika-notz.de kannst du dir mit dem Passwort S!AR!-UP<3
zwei ergänzende PDF-Ratgeber zum Thema START-UP herunterladen.
Viel Spaß beim Weiterlesen!
Deine Angelika Notz